Für Iris

Dieses Buch widme ich Dir, meiner Traumfrau.
Nach nun fast 25 Jahren Ehe mit Dir weiß ich mich als den
beschenktesten und glücklichsten Mann auf dieser Erde.
Du bist meine Frau, meine Geliebte, meine Ratgeberin,
meine Inspiration, meine Partnerin, mein „bester Freund"
und der wichtigste Mensch in meinem Leben.
Danke für Deine Treue, Integrität und Gottesfurcht.
Danke für die drei wundervollen Kinder, die Du mir
geschenkt hast, und danke dafür, dass Du in guten und
schlechten Zeiten an meiner Seite geblieben bist.
Ich liebe Dich mehr als mein Leben!

Inhalt

Vorworte

Iris Trümper

Es steht für mich außer Frage, dass ich die Person bin, die am meisten von den Erkenntnissen meines Mannes zum Thema „Quality time“ profitiert. Nach rund 24 Jahren Ehe, drei gemeinsamen Kindern und vielen beruflichen Herausforderungen sind wir nicht nur immer noch glücklich verheiratet, sondern glücklicher denn je. **QT** zu leben erscheint manchmal absurd, wo doch so viele andere unerledigte Dinge und andere Menschen nach unserer Zeit und Aufmerksamkeit verlangen. Es trotzdem zu tun und das Miteinander bewusst zu gestalten ist die Kunst. Wirkliches Glück entspringt nicht einem ersehnten Maß an Wohlstand, sondern gelungenen Beziehungen. Ich wünsche jedem Leser, dass er den Mut fasst, diese Impulse nicht nur zu lesen, sondern auch umzusetzen. Wenn wir lernen, unser Leben vom Ende her zu denken, sind wir erst kraftvolle Gestalter unserer Zeit hier auf Erden.

Prof. Dr. Jörg Knoblauch

Wir leben in einer Leistungsgesellschaft und die meisten von uns leben fremdbestimmt, anstatt das Ruder selbst in die Hand zu nehmen und sich um die wahrhaft wichtigen Dinge des Lebens zu kümmern. Wer kennt ihn nicht – den Spagat zwischen Beruf und Familie? Das Hamsterrad, das uns nach einem Tag der Überstunden nur wenig Zeit für die Entspannung übrig lässt. Und hat man einen Augenblick des Rückzugs ergattert, piepst und klingelt es schon wieder.

Doch was sind die wichtigen Dinge des Lebens? Wenn man die Menschen bei ihrem Hamsterlauf beobachtet, scheint es so, als seien Geld, Autos, Häuser und die Arbeit inklusive ihrer Selbstverwirklichung das Wichtigste im Leben.

Jeder von uns hat in dieser sehr hoch entwickelten und medienüberfluteten Zeit seine ganz persönlichen Herausforderungen. Ich habe das Manuskript gelesen und war doch persönlich sehr betroffen, wie sehr ich mich von vielen Dingen gefangen nehmen lasse. Pastor Bernd C. Trümper findet klare Worte, wenn es darum geht, sein Leben neu zu ordnen. Er nennt es „Quality Time". Man könnte ihn auch „Mister **QT**" nennen, denn er lebt und atmet, was er schreibt, wie keiner sonst, den ich kenne.

QT hat vielen Paaren aus einer Krise geholfen und glückliche Familien wachsen lassen, in denen Eltern und Kindern wieder die notwendige Wertschätzung entgegengebracht wurde. **QT** hat so manchen Vater mit seinem Sohn versöhnt, wertvolle Zeiten zwischen Bruder und Schwester geschaffen. Nicht zuletzt hat so mancher wieder seinen Weg zu sich selbst und zum Sinn des Lebens gefunden.

Das Buch, das Sie in Händen halten, wird Ihnen helfen, Ihren Blick und Ihre Wahrnehmung auf die richtigen Dinge im Leben zu richten.

Prolog:

Jeden Tag ein Vermögen

Was würden Sie tun, wenn Sie 86.400 Euro zur freien Verfügung hätten? Sie dürfen dieses Geld ausgeben, wofür Sie möchten. Es gibt nur eine Bedingung: Am Ende des Tages darf kein Cent mehr übrig sein.

Jetzt stellen Sie sich vor, Sie erhalten jeden Tag Ihres Lebens genau diese Summe mit den gleichen Bedingungen ausgezahlt. Abends muss immer alles ausgegeben sein, sonst verfällt es. Ein schöner und auch irgendwie erschreckender Gedanke, oder?

So unwirklich dieser Gedanke für Sie auf den ersten Blick auch sein mag, nichts liegt der Wahrheit näher als dieser. Nur ist es eben kein Geld, das man Ihnen Tag für Tag anvertraut. Es ist Zeit.

Jeden Tag unseres Lebens erhalten Sie, ich und jeder andere Mensch auf diesem Planeten genau 86.400 Sekunden Zeit. Wir können mit dieser Zeit machen, was wir möchten, doch ist am Ende eines jeden Tages nichts mehr davon übrig.

Die Grundidee von der Gleichheit aller findet sich in der Verteilung der Zeit in idealer Weise erfüllt. Weder durch Geld, Macht oder

Einfluss kann das verändert werden. Kein Spitzenpolitiker oder Wirtschaftslenker erhält auch nur eine Sekunde mehr Zeit am Tag als Sie.
So definiert sich der meiste Erfolg, den wir beobachten, dadurch, wie Menschen ihre begrenzte Zeit investieren. Vermutlich werden Sie mir recht geben, dass die wirklich erfolgreichen Menschen sehr proaktiv mit ihrer Zeit umgehen, während viele andere eine eher reaktive Umgangsweise mit ihrer Lebenszeit pflegen.
Bei dem bewussten Umgang mit Zeit schälen sich zwei wesentliche Begriffe heraus:

Installieren und Inszenieren

Ganz gleich, ob Sie einen Computer, ein Tablet, einen MAC, ein Linux-System, ein Smartphone, eine Waschmaschine oder einen modernen PKW benutzen: Keines dieser Geräte wird Ihnen produktiv zuarbeiten, wenn nicht zuvor ein System installiert wurde. Dieses zum Betrieb nötige System ist die Basis, auf die jede Anwendung aufsetzt. Ohne ein Betriebssystem wie Windows, Linux, iOS oder eben das System Ihrer Waschmaschine ist auch die beste Hardware zu nichts nütze. Ganz ähnlich verhält es sich mit dem System, das Sie und ich darstellen. Jeder Mensch ist mit fantastischem Potenzial ausgestattet. Doch ist es sein inneres Betriebssystem, das die Grenzen festlegt.
Unser Betriebssystem sind unsere Werte, ethischen Maßstäbe, Ziele und der Sinn, den wir in unserem Leben sehen. Sie ahnen sicher schon, wie unterschiedlich die Systeme aller Menschen aussehen können. Da ist alles möglich. Das, was wir bei unseren technischen Geräten niemals zulassen würden, findet hingegen im Alltag der Menschen permanent statt. Wir erlauben es unserem inneren

Kernsystem, sich in vielen Bereichen völlig unbewusst, ja oft sogar kontraproduktiv bis selbstzerstörerisch zu entwickeln. Manchmal gleichen wir kleinen Kindern, die sich die Augen zuhalten und ihrem Gegenüber zurufen: „Ich bin weg. Du kannst mich nicht mehr sehen." Doch nur, weil wir die Augen vor etwas verschließen, bedeutet das nicht, dass es nicht existent ist. Im Gegenteil. Bereiche, vor denen wir unsere inneren Augen verschließen, verändern sich häufig dramatisch und mitunter sehr schadhaft für die Bereiche in unserem Leben, wie zum Beispiel Beziehungen, die uns sehr wichtig sind.

Wenn ein Betriebssystem Fehler aufweist, schieben die Entwickler Updates nach. Bei vielen technischen Geräten spricht man hier von einer überarbeiteten Version der Firmware, also des internen Betriebssystems. Dieses Buch möchte Ihnen ein solches Firmware-Update anbieten. Es ist ein Update für den Bereich Ihrer Beziehungen, der Ihre „Hardware" befähigen wird, in neuen Strukturen zu denken und zu handeln. Strukturen, die Ihre Beziehungen auf eine nie gekannte Ebene bringen können.

Die Installation ist in diesem Fall das Lesen und Bearbeiten dieses Buches. Die Inszenierung (also das „In-Szene-Setzen") ist dann die Umsetzung der „Subroutinen" dieser Betriebssystemerweiterung. Letztendlich ist es die Wahrheit, dass wir heute das sind, was gestern in unserem Leben installiert und inszeniert wurde.

Die Frage ist doch: Wer installierte und inszenierte unser heutiges Leben? Waren das wirklich wir selbst?

Wenn nicht, wer war es dann und wie konnte er es tun?

Die Antwort hierauf ist einfach: Passivität, also ein reaktiver Lebensstil, schafft ein Einflussvakuum, das immer von anderen gefüllt wird. Mit anderen Worten: Wenn ich mich an den Wegpunkten meines Lebens nicht entscheide, tun es andere für mich. Bildlich gesprochen: Wenn ich vor einer Lebenskreuzung stehe und nicht aktiv einen der zum Beispiel zehn möglichen Wege wähle, werden mich Menschen in die eine oder andere Richtung schieben. Viele Menschen unserer Zeit leben einen solchen reaktiven Lebensstil. Sie reagieren also nur dann, wenn der Druck ihrer Umstände sie dazu zwingt. Dann gehen sie meistens den Weg des geringsten Widerstands. Pflege ich diesen Lebensstil (was zumeist völlig unbewusst erfolgt), statt proaktiv durch eigene bewusste Entscheidungen meinem Leben Ziel und Richtung zu geben, lasse ich mich fremd bestimmen. Oft geschieht das einfach durch den Druck der Masse. Ich tue dann letztendlich, was eben alle um mich herum auch tun. Und so habe ich letztlich auch, was alle anderen haben. Ist es das, was Sie wollen? Dann sollten Sie jetzt dieses Buch zuklappen und es jemand anderem schenken. Denn dieses Buch wird Sie sehr herausfordern. Es wird Sie dazu ermutigen, wichtige Lebensentscheidungen noch einmal ganz bewusst zu überdenken und neu zu treffen.

Bedenken Sie: Wenn Sie damit beginnen, Dinge zu tun, die wenige tun, werden Sie letztlich das haben, was bisher nur wenige haben. Da die nötigen Ressourcen, um die es für ein erfolgreiches Leben wirklich geht, unbegrenzt zur Verfügung stehen, könnten beliebig viele Menschen die Dinge haben, die alle haben wollen, aber nur wenige haben.

Wenn ich Sie jetzt etwas verwirrt habe, lesen Sie einfach weiter. Dieses Buch versteht sich als Handbuch für die wichtigsten Zeiten Ihres Lebens. Dieses Handbuch will Sie ermutigen und dabei unterstützen, zukünftig Ihre Zeit selbst und bewusst zu managen. Es will Ihnen helfen, die bedeutungsvollsten Zeiten Ihres Lebens zu installieren: Qualitätszeiten (Quality Times: **QT**) mit den wichtigsten Personen in Ihrem Leben. Es will Sie durch Beispiele, Ideen und Handlungsempfehlungen dazu ermutigen, Zeiten zu inszenieren, die für Sie und die Menschen, die zu Ihrem Leben gehören, zum großen Gewinn werden.

Quality Time ist in den letzten Jahren zu einem geflügelten Begriff geworden. Immer wieder wird in Büchern, Seminaren und Vorträgen meist so ganz nebenbei dieser Begriff eingestreut und die Notwendigkeit, **QT** zu haben, betont, ohne darauf einzugehen, was genau es meint und wie man es tut.
Vielerorts ist es so, dass alle darüber reden und jeder so tut, als wisse er genau, worum es sich dabei handelt. Doch etwas wirklich zu kennen hat viel mehr mit Begreifen als mit Verstehen zu tun.

Wie ich **QT** begreifen lernte

Mein Begreifen von **QT** begann vor etwa 16 Jahren durch ein sehr tiefgehendes Gespräch mit meiner Mutter.
Zur Vorgeschichte: Meine Großmutter Agnes war Zeit ihres Lebens eine sehr aktive Frau. Sie war als Krankenschwester das Herz ihrer Station und bei den Kollegen wie bei den männlichen Patienten (sie arbeitete auf einer reinen Männerstation) sehr beliebt. Nach ihrem Renteneintritt zog sie zu ihrem einzigen Kind, meiner Mutter, und nahm rege an unserem Familienleben teil. Sie war sehr aktiv und machte auch in ihren Siebzigern den Eindruck, dass sie nie wirklich alt werden würde.
Doch dann kam der Tag, an dem sie Herzprobleme bekam, und nachdem sie bei einer Krankenwagenfahrt ins Krankenhaus wiederbelebt wurde, erholte sie sich nie wieder. Sie lag mit klaren, zu verstehen scheinenden Augen in ihrem Krankenbett, das meine Eltern im Wohnzimmer aufgestellt hatten, damit sie weiterhin mitten am Familienleben teilnehmen konnte. Sie war jedoch teilweise gelähmt und dadurch unfähig zu sprechen oder aufzustehen. Obwohl wir nie ganz sicher wussten, inwieweit sie uns verstand, hatten wir dennoch den Eindruck, dass sie vieles mitbekam

und mit ihren Augen zu uns sprach. Fünf Tage vor der Geburt meiner Tochter Grace starb sie.

Meine Mutter wurde durch den Tod von Großmutter Agnes am heftigsten erschüttert. Es war nur kurze Zeit nach der Beerdigung, als ich mit ihr alleine in einem Café saß und sie die Worte zu mir sagte, die mein Leben grundlegend veränderten und schließlich zum Auslöser dieses Buches wurden. Sie sagte:

„Ich dachte, meine Mutter würde ewig leben. Ich meine, noch viele Jahre. Sie war immer so stark und aktiv.

Wenn ich geahnt hätte, wie es endet und wie plötzlich es kommen kann, ich hätte ihr noch so viel sagen wollen und noch so viel für sie tun wollen. Ich hätte noch so viele Dinge mit ihr gemeinsam tun und erleben wollen. Ich dachte doch, dafür wäre später immer noch viel Zeit. Nun ist es vorbei."

Als ich dann ihre Tränen sah, wusste ich, dass ich nicht irgendwann in zwanzig Jahren mit meinen Kindern zusammensitzen wollte, um mich die gleichen Worte sagen zu hören.

In den Wochen und Monaten danach war ich diesem Thema gegenüber sehr sensibel. Mir fielen immer wieder Situationen auf, wo Menschen dieses „später" als selbstverständlich voraussetzten und so lebten, als hätten sie eine versprochene Zeit in der Zukunft, in der sie sich um die wirklich wichtigen Dinge im Leben kümmern könnten.

Als Pastor habe ich immer wieder am Sterbebett herausgefunden, dass, wenn der Tod anklopft, die Prioritäten richtig geordnet werden. Niemand fragt dann noch nach seinen Titeln und Auszeichnungen. Keiner vermisst dann seine ach so wichtige Arbeitsunterlage, die er doch noch kurz durchsehen muss.

In den letzten Stunden des Lebens bleibt nur eine einzige Sache, die zählt: Beziehungen. Man möchte noch einmal die Menschen sehen, die einem wirklich wichtig sind, seine Familie und seine

Freunde. Jede Oberflächlichkeit endet hier. Was wäre, wenn Sie und ich die große Chance ergreifen würden, die wir haben, von solchen Menschen zu lernen und unsere Prioritäten schon heute so zu ordnen, dass wir am Tag unseres Todes sagen können: Ich bereue nichts!

Dieses Buch möchte Ihr Ratgeber, wenn Sie wollen, Ihr Coach sein. Es will Ihnen helfen, Ihre Lebensprioritäten zu hinterfragen, und Ihnen praktische Wege zeigen, wie Sie in die wichtigsten Beziehungen Ihres Lebens investieren können.

Ich möchte Ihnen in diesem Buch Anstöße und Ideen mitgeben, wie Sie die wichtigsten Dinge in dieser Welt angehen können. Nicht, dass wir unwissend darüber wären, dass diese Beziehungen zentral, ja entscheidend für unser Lebensglück sind. Sobald wir innerlich zur Ruhe kommen, was zugegeben in unserer schnelllebigen Welt sehr selten geschieht, wissen wir, was wirklich wichtig ist. Wir wissen, dass wir etwas tun sollten.

Was uns in der Regel fehlt, ist das Wissen um das „Wie".

Und genau davon möchte ich schreiben.

Machen Sie sich nun mit mir auf die Reise durch die wichtigsten Beziehungen Ihres Lebens. Auf die Reise zu den Personen, die auch dann noch da sein werden, wenn alle Fans und Kollegen verschwunden sind: Ihre Familie und Ihre Freunde ... und Gott.

Quality Time

mit dem Ehepartner

Im Laufe der Jahre sind sicher auch in Ihrem Leben so einige Menschen gekommen und wieder gegangen. Wenn Sie zu den Glücklichen gehören, deren Ehepartner nicht bei letzterer Gruppe gelandet ist, macht dieses Kapitel für Sie großen Sinn. Sind Sie jedoch bereits durch eine oder mehrere Trennungen gegangen, dann macht dieses Kapitel sehr, sehr viel Sinn für Sie, denn die Scheidungsquote bei Zweitehen liegt etwa doppelt so hoch wie die bei der ersten Ehe.

Obwohl dieses Buch nicht als Ehebuch geplant ist, möchte ich hier ein paar Grundsätze zusammenfassen, die für das Verstehen der Grundidee von „QT für Ehepaare“ hilfreich sind:

Entweder Ihr Ehepartner ist der wichtigste Mensch in Ihrem Leben oder die Schwierigkeiten sind bereits vorprogrammiert.

Ja, die Eltern waren lange Jahre die wichtigsten Menschen in Ihrem Leben und Ihre Kinder werden nie aufhören, für Sie zu den wichtigsten Menschen zu gehören, die es in Ihrem Leben gibt. Doch gebührt der Platz neben Ihnen einzig und alleine Ihrem Ehepartner. Er ist Ihre Königin beziehungsweise Ihr König. Mit diesem Menschen regieren Sie in Ihrem kleinen Reich. Wird dieser Platz von jemand anderem besetzt, zum Beispiel der Mutter, einer besten Freundin oder den Kindern, verliert die Ehe ihre Balance.

Die Schieflage führt immer zu Auseinandersetzungen und gefährlichen Krisen. Manch ansonsten gut aufgestelltes Eheschiff ist bereits an derartigen Felsen zerschmettert und gesunken. Wer ein paar Jahre verheiratet ist, weiß, dass es die kleinen Dinge sind, die zu größeren Konflikten in der Ehe führen. Eher selten beginnt ein Konflikt mit einem Ehebruch oder mit Gewalt. Es sind die kleinen Dinge, die sich langsam entwickeln und sich immer mehr miteinander verbinden, bis die Summe eines Tages größer ist als die verfügbare Kraft und Weisheit, damit noch fertig zu werden. Meine Frau Iris und ich, wir nennen diese Dinge „Mückenelefanten", weil sie eben eigentlich nach ihrer Entstehung Mücken sind, sich aber bereits wie Elefanten anfühlen. Mückenelefanten sollten nicht unterschätzt werden.

Alles beginnt mit einer Entscheidung! Als Pastor habe ich so manche Trauung durchgeführt. Das Eheversprechen, das die Paare sich an dem Tag ihrer Hochzeit geben, umschließt Treue, Respekt und Liebe in guten wie in schlechten Zeiten bis zum körperlichen Tod. Zur Liebe komme ich in Kürze. Doch der Respekt und die Achtung dem Menschen gegenüber, den ich in mein Lebensboot hole, ist von großer Bedeutung. In den ersten Monaten der Beziehung ist das selten ein Problem. Man dreht sich förmlich um den Geliebten bzw. die Geliebte. Kein Opfer ist zu groß, kein Weg zu weit, kein Preis zu hoch. Man tut buchstäblich alles füreinander. Dann, ein paar Monate später, entfärbt sich das Rosa der Brille und man beginnt Dinge an seinem Gegenüber zu beobachten, die so gar nicht mehr ehrenwert erscheinen. Man bemerkt nunmehr Schwächen im Charakter oder Benehmen, die anscheinend bisher unsichtbar waren. Man dreht den Kopf morgens weg, wenn einen der Mundgeruch des Gegenübers schier umzuhauen droht, und nimmt plötzlich wahr, dass Mr. oder Mrs. Right auch Fußgeruch hat, mit unreiner Haut kämpft oder Gewohnheiten hat, die dem

eigenen Ordnungssinn zuwider sind. Mit anderen Worten: Man taucht miteinander in den Alltag mit all den großen und kleinen Herausforderungen des menschlichen Lebens unserer Zeit ein.
In dieser Phase der „Fehlerfindung" besteht die Gefahr, einige dieser Dinge falsch zu deuten bzw. überzubewerten.
Vielleicht bemerkt die Frau, dass ihr geliebter Gatte öfter mal zu tief ins Glas schaut oder gar ab und zu einer anderen Frau hinterhersieht.

Entwicklungsstufen

Kinder sind Geschenke auf Zeit. Sind sie ganz klein, sind sie völlig abhängig von den Eltern, besonders natürlich von der Mutter. Mit fünf, sechs Jahren beginnt dann oft ein Wandel. Der Fokus richtet sich immer mehr nach männlicher Bestätigung aus und legt Stück für Stück die Fürsorge durch die Mutter ab. Doch in der Teenager-Zeit bereiten sich die jungen Raupen aufs Fliegen vor. Sie spinnen sich ein und wirken in dieser Zeit auf die Eltern oft undankbar und unnahbar. Doch dann nach wenigen Jahren schlüpft ein eigenständig fliegendes Wesen aus dem Kokon. Es wird immer höher und weiter fliegen und eines Tages das elterliche Heim ganz verlassen. Ich könnte hier traurige Geschichten, insbesondere von Müttern erzählen, die nicht rechtzeitig losgelassen haben und die so ihre Leidenszeit stark verlängert und dazu oft einen tiefen Keil zwischen sich und ihr erwachsenes Kind getrieben haben. Die Geschichten der Mütter, die durch solch ein Verhalten für die Frauen ihrer Söhne zu Schwiegermonstern werden, sind endlos. Auch die Leidensgeschichten von Männern, deren Schwiegerväter ihre kleinen Prinzessinnen nach wie vor fest an sich gebunden halten, sind bekannt.

Eine gesunde Ehe entwickelt sich wie alles andere, das klein beginnt, stetig in die richtige Richtung. Auch kleine und große Konflikte schweißen zusammen und Vertrauen wächst. Ihre Frau sollte Ihnen beste Freundin, Geliebte, Partnerin und Seelsorgerin sein. Wenn Sie eine Frau sind, gilt für Ihren Mann dasselbe. Manch einer hält das jetzt für unmöglich. Doch lassen Sie sich sagen: Es kommt auf die Richtung an, nicht auf die Geschwindigkeit. Jeder noch so kleine Schritt in die richtige Richtung führt näher zusammen und fördert das Vertrauen in vielen Bereichen. Manchmal hilft es uns, wenn wir uns zurückerinnern und uns die Frage beantworten, warum wir diesen Menschen eigentlich geheiratet haben. Möglicherweise steht es an, sich neu füreinander zu entscheiden. Sie wissen ja, jeder Weg beginnt mit dem ersten Schritt. Vielleicht ist Ihr erster Schritt eine Entscheidung für die Liebe ...

Liebe ist eine Entscheidung

Eine der größten und populärsten Lügen unserer Zeit ist die, dass die Liebe ein Gefühl sei. Eine ganze Industrie lebt von dieser Falschaussage, und das nicht schlecht.
Wenn Liebe ein Gefühl wäre, wäre es richtig und konsequent, diesem Gefühl zu folgen. Wenn ein Mann keine liebevollen Gefühle mehr für seine Frau empfindet, er aber einer anderen gegenüber überfließende Gefühle dieser Art hat, dann sollte er doch wohl die Pferde wechseln, oder?
Tatsächlich ist das in fast allen Fällen die Erklärung gewesen, die mir Zeitgenossen nach einer außerehelichen Affäre gegeben haben.
Das Problem hier ist aber: Die Liebe ist gar kein Gefühl. Stellen Sie sich nur vor, Sie würden Ihre Kinder nur behalten, wenn Sie immer

Gefühle der Liebe für sie hätten. Mal ganz ehrlich: Wäre auch nur eines die ersten fünfzehn Jahre in Ihrer Familie geblieben? Wahrscheinlich nicht! Denn in jeder normalen Familie gibt es den Alltag. Es gibt Auseinandersetzungen, Meinungsverschiedenheiten, unterschiedliche Interessen und Schwerpunkte und spätestens im Teenager-Alter auch nicht selten unterschiedliche Freundesgruppen. Ginge man dort nur nach den Gefühlen, gäbe es so manchen Tag, wo man alles hinschmeißen würde.

Wie ist es mit Ihren Eltern? Haben und hatten Sie da stets nur liebevolle oder wenigstens harmonische Gefühle und Gedanken? Oder gab es nicht auch hier immer wieder mal Momente, wo die Fetzen flogen, wo man sich unverstanden und ungerecht behandelt fühlte? Haben Sie deswegen den Kontakt zu Ihren Eltern völlig abgebrochen? Wahrscheinlich nicht.

Auch wenn es Härtefälle gibt, wo Kontakte zu den eigenen Kindern oder den Eltern abgebrochen werden, so sind das doch eher die Ausnahmen.

Doch was ist der Grund? Warum haben Sie diese Beziehung über Jahrzehnte nicht abgebrochen, trotz all der schwierigen Zeiten und Situationen?

Ganz einfach: Sie haben unbewusst das wahre Wesen der Liebe angewendet.

Liebe ist eine Entscheidung!

Sie haben sich entschieden, und zwar grundsätzlich. Es gibt wenig bis nichts, das in der Lage ist, diese Entscheidung für Ihre Kinder und Ihre Eltern zu verändern. Was durch Ihre Entscheidung geschehen ist, ist das eigentliche Wunder: Die Gefühle sind der Entscheidung immer gefolgt. Nicht immer unmittelbar, doch sie folgten jedes Mal zuverlässig.

Ihre Entscheidungen sind wie eine Lokomotive und die Gefühle sind die Waggons, die hinten angehängt sind. Wenn Sie entschei-

den zu lieben, werden Ihnen die Gefühle der Liebe immer nachkommen. Das funktioniert leider auch in anderen Bereichen so zuverlässig. Beispielsweise bei Hass, Zweifel oder Angst.
Es ist schon einige Jahre her, als ich dieses theoretische Wissen ganz praktisch erlebte. Meine Frau Iris und ich waren zu diesem Zeitpunkt bereits rund zehn Jahre verheiratet und hatten zwei kleine Kinder. Ich arbeitete viel und ging in meinem Beruf auf. Iris hatte die kleinen Kinder und ein großes Haus zu versorgen.
Außerdem arbeitete sie zusätzlich mehrere Stunden am Tag engagiert ehrenamtlich in unserer Kirchengemeinde. Ohne dass es einen Auslöser gab, versickerten meine leidenschaftlichen Gefühle für Iris unbemerkt und als ich es bemerkte, waren bereits keine mehr übrig.
Ich mochte Iris nach wie vor, doch meine Gefühle für sie waren eher die für eine Schwester als für eine Geliebte. Ich war irritiert und redete nicht darüber. Schließlich erinnerte ich mich an das, was ich ja selbst seit Jahren predigte: Liebe ist eine Entscheidung. Ich wusste um die Kraft der Worte, hatte sie nur noch nie bewusst im Bereich unserer Ehe eingesetzt.
Ich betete und machte vor Gott mein Eheversprechen erneut fest und begann dann das zu tun, was ich glaubte, aber nicht fühlte. Ich fing bewusst damit an, Iris meine Liebe auszudrücken. Ich sagte ihr Dinge wie: „Du bist meine Traumfrau“, „Du bist wunderschön“, „Du bist die beste Geliebte, die man sich wünschen kann“ und immer wieder „Ich liebe Dich“.
Natürlich fühlte sich das für mich seltsam an, weil ich all das nicht fühlte. Ich kam mir ein bisschen wie ein Lügner, wie ein Heuchler vor, doch wusste ich, dass ich die pure Wahrheit sagte, denn es war meine feste Entscheidung. Ich wollte sie lieben, ehren und ihr dienen mit aller Kraft in guten wie auch in dieser gerade schwierigen Zeit. Ich tat das mehrere Wochen, ohne dass

ich etwas fühlte. Doch dann, vielleicht vier oder fünf Wochen später, begann sich etwas zu verändern. Der „Zug" hatte schon ordentlich Fahrt aufgenommen und jetzt folgten die Anhänger. Und wie sie folgten.

Es war für mich umwerfend. Meine Gefühle sprangen nicht an, sie überrollten mich förmlich. Ich fühlte mich wie ein Teenager, der Hals über Kopf in ein Mädchen verliebt ist.

Dieses Mädchen war meine Frau. Diese Gefühle setzen mir wieder jene rosarote Brille auf, die wir alle kennen. Ich sah meine Frau wieder mit Augen der Liebe, nicht mit denen der Kritik. Meine Komplimente wurden noch mehr, nur waren sie jetzt von massiven Gefühlen gestützt. Es war fast so, als hätte ich eine Affäre mit meiner eigenen Frau. Eine Affäre, die jetzt übrigens schon über zehn Jahre lang geht.

Nun, Sie ahnen es schon: Ich habe diese Brille nie mehr abgesetzt. Meine Iris ist heute meine Geliebte, meine beste Freundin, meine Partnerin, meine Seelsorgerin und vieles mehr. Sie ist es, weil ich mich dafür entschieden habe (und sie natürlich auch) und weil ich nie mehr aufgehört habe, mit meinen Worten dem Zug die Richtung zu zeigen. Er ist nie wieder umgedreht.

Ich weiß, dass es nicht einfach ist, einen Zug, der komplett in die andere Richtung unterwegs ist, aufzuhalten und zu wenden. Möglicherweise brauchen Sie hier Ermutigung und Hilfe. Suchen Sie sich jemanden, der um die Macht der Worte und Entscheidungen weiß, oder leihen Sie jemandem dieses Buch.

Zu zweit ist vieles möglich, wo wir alleine scheitern würden. Gerade die männlichen Leser, die sich oft schwerer tun, sich Hilfe zu holen, möchte ich sehr ermutigen, es dennoch zu tun.

Achten Sie darauf, sich von jemandem unterstützen zu lassen, der glücklich verheiratet ist. Anderes wird vermutlich nicht funktionieren.

Die Notwendigkeit von Inseln

Eine Qualitätszeit (Quality Time = **QT**) ist genau, was das Wort ausdrückt. Sie besteht aus einem Zeitrahmen und aus einer für die Beziehung qualitativen Füllung.
Entscheidend für eine **QT** in der Ehe sind darum diese drei Elemente:

1. Der Zeitrahmen
2. Der Ort
3. Der Inhalt, die Aktivität

1. Der Zeitrahmen
Für ein glückliches Ehepaar sollte es keine Woche ohne eine **QT** geben. Je nach persönlicher Zeit können die zwei bis vier Stunden zu ganz unterschiedlichen Zeiten genommen werden. Iris und ich, wir haben uns grundsätzlich jeden Dienstagabend hierfür reserviert. Dienstags ist nämlich in unserem örtlichen Kinocenter der Eintrittspreis für alle Vorstellungen wesentlich reduziert, was aber nicht bedeutet, dass wir nun jeden Dienstag im Kino sitzen.
Neben den wöchentlichen **QT** haben wir weitere besondere Zeiten fest eingeplant, die wir „Inseln" nennen. Ich komme noch darauf zurück.
Natürlich können Sie Ihre wöchentliche **QT** auch zu anderen Zeiten haben. Wir nehmen manchmal einen Vormittag, wenn alle Kinder in Schule und Kindergarten sind, und fahren in ein nettes Café, um zu frühstücken und zu reden. Es gibt auch immer mal wieder Samstage oder Urlaubstage, wo wir uns einfach für zwei Stündchen in unser Schlafzimmer zurückziehen.

2. Der Ort

Kino, Café, Restaurant oder auch das Schlafzimmer sind geeignet. Auch ein langer Spaziergang durch Feld oder Wald oder auch eine Runde Shopping sind gute Orte für die **QT** eines Ehepaares. Es kann sehr hilfreich sein, die Bestimmung der **QT** wöchentlich unter den Ehepartnern abzuwechseln. So kann jeder mitgestalten und es wird sicher abwechslungsreich. Wer kleine Kinder hat, sollte sich rechtzeitig einen Babysitter besorgen und – falls nötig – hierfür ein monatliches Budget einplanen. Das ist es wert!

Für uns hat es sich bewährt, unsere **QT** für das ganze Jahr im Voraus festzulegen. Für andere funktioniert es vielleicht besser, sie monatlich oder quartalsweise zu planen. Nur bedenken Sie: Was nicht schriftlich geplant wird, findet meist nicht statt.

Machen Sie es sich zur Gewohnheit, alle **QT**, die Sie planen, zur Top-Priorität zu machen. Wenn Sie diesen Zeiten die Priorität Ihrer wichtigsten Geschäftstermine geben, haben Sie verstanden, was ich meine. Das wird dazu führen, dass diese Termine nur in Notfällen (dann geht es aber um Leben und Tod) und in gegenseitiger Übereinkunft verlegt werden. Auch das drückt dem Ehepartner Respekt, Liebe und Zuverlässigkeit aus, wie es Worte kaum vermögen.

3. Der Inhalt, die Aktivität

Sind Zeit und Ort erst einmal verabredet und festgelegt, geht es darum, Inhalte zu wählen, die die Beziehung stärken. Wir haben in den letzten Jahren vieles ausprobiert. Nachfolgend unsere Quintessenz:

Sex

Ich beginne bewusst konfrontativ. Eheberater sind sich hier einig: Sex ist der Kitt in der Mauer jeder Ehe. Aus zahllosen Eheberatungen weiß ich, dass es hier besonders häufig

klemmt. Wer bei den letzten Seiten gut aufgepasst hat, dem ist vielleicht bereits ein wesentlicher Schlüssel klar geworden. Genau! Entscheidungen! Auch hier beginnt die Abfahrt des Zuges mit der Lokomotive. Mit der Entscheidung.
„Ja, aber ich fühle mich nicht danach ...", mögen Sie jetzt denken. Doch machen Sie sich bewusst, dass auch das eine Entscheidung ist. Sie entscheiden sich, Ihren Gefühlen zu folgen statt dem, was dazu beitragen würde, Ihre Ehe zu verbessern. Denken Sie das einmal konsequent zu Ende. Da erwiesenermaßen die Freude, also die Qualität am Sex, mit der gelebten Quantität zunimmt bzw. bei rückgängiger Frequenz der sexuellen Intimität die Sehnsucht hiernach mehr und mehr zurückgeht, ist der Weg in die Misere vorgezeichnet. Insbesondere beim testosteronärmeren Geschlecht, nämlich dem weiblichen, kann das zur permanenten Unlust führen.
Investieren Sie in diese wichtige Verbindung zu Ihrem Ehepartner. Stellen Sie Finanzen für erotische Dessous oder Hilfsmittel zur Verfügung. Lassen Sie Ihrer Fantasie etwas mehr freien Lauf. Verändern Sie etwas an der Umgebung oder tun Sie es doch einmal ganz woanders. Wie wäre es mit Rollenspielen? Bei all dem gilt der bekannte Grundsatz:
Alles ist erlaubt, wenn es der andere auch möchte. Alles andere ist tabu!
Übrigens: Fehlendes Geld oder nicht verfügbarer Babysitter ist hier kein Hindernis. Bleiben Sie doch einfach zu Hause. An unseren Dienstagabenden wissen unsere Kids, dass diese Zeit uns alleine gehört und wir keinen von ihnen nach 20 Uhr irgendwo im Haus (außerhalb ihrer Zimmer) sehen wollen. Dafür haben wir auch ein kleines Belohnungssystem eingerichtet. Natürlich haben wir das den Kids erklärt und Sie verstehen es so weit: „If Mummy and Daddy are happy, everybody is happy."

Ein großer Teil der Klassenkammeraden unserer Kinder lebt in einem alleinerziehend geführten Haushalt. Sie verstehen, dass alles, was glücklich und gesund bleiben soll, auch gepflegt werden muss. Unsere **QT** sind solche Wartungsarbeiten und ab und zu ermuntern uns sogar unsere Kinder dazu.

Reden

Neben Sex nutzen Iris und ich unsere **QT**s hauptsächlich dazu, miteinander zu reden.

Laut Psychologen kommuniziert ein Ehepaar täglich nur etwa sieben Minuten miteinander. Dass das auf Dauer zu wenig ist, um eine tiefe Freundschaft und leidenschaftliche Beziehung entstehen und bestehen zu lassen, versteht sich von selbst. Auf der anderen Seite droht uns der Alltag manchmal aufzufressen. Wir sind so sehr mit dem „Tagesgeschäft" beschäftigt und damit, auf tausend Dinge zu reagieren, dass echte, tiefgehende Kommunikation (sowohl körperlich als auch verbal) auf der Strecke zu bleiben droht.

Eine wöchentliche **QT** mit Ihrem Ehepartner hingegen bricht diese Falle auf. Schafft man es auch vielleicht nicht immer, sich im Alltag die Zeit füreinander zu nehmen, die nötig wäre, so ist ein wöchentliches Treffen ein geeignetes Sprungbrett, die zwischen-menschliche Beziehung jenseits der alltäglichen Routine wieder in Schwung zu bringen. Das bedeutet jedoch auch, die Selbstdisziplin aufzubringen, an diesen speziellen Zeiten gewisse Themen, nämlich die des Alltags, weitgehend außen vor zu lassen. Wenn Sie merken, Sie hängen nach wenigen Minuten wieder in all den reaktiven Dingen, die Sie im Alltag ständig „anfallen", dann vereinbaren Sie einen gesonderten Termin außerhalb Ihrer **QT**, um hierüber zu sprechen. Gehen Sie danach wieder zu den Themen über, die für Ihre **QT** wichtig sind.

Welche Themen sind das? Es sind die Bereiche, die Sie persönlich betreffen, nicht so sehr Ihre verschiedenen Rollen.
Das Ziel Ihrer **QT** ist es, sich näherzukommen, Vertrauen aufzubauen und einander besser kennenzulernen. Sie sollten nicht davon ausgehen, dass Sie alles voneinander wissen, nur weil Sie 10, 20 oder 30 Jahre miteinander verheiratet sind. Tatsächlich haben Sie sich an jedem Tag dieser Zeit persönlich weiterentwickelt und verändert. Schauen Sie einfach einmal in den Spiegel und vergleichen Sie die Person, die Sie von dort anschaut, mit der, die damals am Traualtar stand. Ist es wirklich noch die gleiche Person? Nein, ist sie nicht. Nicht nur die Hülle hat sich verändert. Auch der Inhalt ist älter, weiser und reifer geworden. Sie haben Hunderte, wenn nicht Tausende von Fehlern gemacht und daraus bewusst oder unbewusst gelernt. Sie haben viele Schritte in Ihrer Persönlichkeit gemacht. Heute beschäftigen Sie wahrscheinlich Sorgen und Ängste, die vor zwei oder drei Jahrzehnten noch nicht Teil Ihres Lebens waren. Ihre Gedanken kreisen heute um ganz andere Dinge als die, die Sie als junger Mensch bewegten. Sie sind wesentlich komplexer, als Sie es früher waren. An vielen Entwicklungen Ihres Lebens seit Ihrer Hochzeit hat Ihr Partner Anteil genommen. Andere verliefen eher unsichtbar in Ihrem Inneren.
Nehmen wir nur einmal den Bereich Sexualität. Die meisten Beziehungen beginnen in diesem Bereich sehr stürmisch und leidenschaftlich. In den ersten ein, zwei Jahren bekommt man selten genug voneinander. Dann kommt die Routine und vielleicht das erste Kind. Der Mann kümmert sich um seine Karriere, während die Frau ihre gerade unterbricht und als Hausfrau und Mutter ganz neue Erfahrungen macht und völlig neuen Herausforderungen gegenübersteht. Auf einmal ist ihr Körper nicht mehr in erster Linie dazu da, Lust

zu empfinden und sexuelle Leidenschaft auszuleben. Plötzlich sind ihre erogenen Zonen im Sinne ihres bisher jugendlichen Verständnisses völlig „zweckentfremdet". Der stets so trainierte und bewahrte wohlgeformte Bauch wird zu einer unförmigen Kugel. Die Brüste reagieren völlig anders als je zuvor und bereiten sich auf die Milchproduktion vor. Dazu kommt Übelkeit in der ersten Zeit der Schwangerschaft und zunehmende Unbeweglichkeit in der zweiten Hälfte. Manche Frau fühlt sich in dieser Zeit nicht mehr wohl in ihrer Haut. Dann kommt die Geburt. Für manche Frau ein regelrechter Schock. Der Bereich, der bisher Lust und Freude empfing, verursacht nun große Schmerzen. Je nach Art der Geburt bleibt dieser Bereich einige Wochen, wenn nicht Monate ein schmerzender. War ausgelebte Sexualität für viele Frauen während der letzten Schwangerschaftswochen bereits tabu, verlängert sich dieser Zustand nach der Geburt nicht selten weitere Monate. Der Körper der Frau reift in dieser Zeit von einer jungen Frau zu einer Mutter. Aufmerksame Männer beobachten, wie „ihr Mädchen" sich in dieser Zeit auch seelisch und geistig verändert. Ihre Prioritäten verschieben sich, wie es zuvor nur einmal geschehen ist. Doch während die erste Verschiebung sich ganz auf den Lebenspartner einstellte, geschieht diese nun scheinbar eher gegen ihn. Der einstige Mittelpunkt ihres Lebens wird durch den Neuankömmling ersetzt. Dem Baby gehört nun der Schwerpunkt ihrer Aufmerksamkeit. Genau in dieser Zeit scheitern übrigens die meisten Ehen. Mehr als einmal beichtete mir ein Mann, dass er seine Frau in dieser Zeit zum ersten Mal mit einer anderen betrogen hatte. Was viele Männer nicht wissen – und oft nicht einmal ahnen – ist, dass ihre Geliebte (als die sie ihre Frau vor der Geburt ansahen) nicht wirklich verschwunden ist. Sie hat sich nur für einige Zeit zurückgezogen, um das gemeinsame Kind zu schützen und zu fördern. Männer, die das verstehen und ihre Hoffnung nicht aufgeben, kommen relativ unbeschadet durch diese Zeit. Ich weiß es aus meiner Ehe und von vielen anderen, dass Frauen, wenn sie sich in den herausfordernden Zeiten ihres Lebens von ihrem Mann beschützt und verstanden wissen, nach oft gar nicht so langer Zeit auch sexuell wieder aufmachen, um ihrem Mann zu begegnen. Wahrscheinlich ist auch dieser Bereich in den nächsten Jahren anders als in der jugendlichen Unbeschwertheit. Doch bedeutet anders nicht unbedingt schlechter. Es gilt hier, etwas Neues zu entdecken und zu genießen. Doch ist es auch wahr, dass Frauen, sind sie aus dem Gröbsten raus und blieben ihre Männer treu an ihrer Seite, als reife Frauen nicht selten zu den besten Geliebten werden, die man sich wünschen kann. Solch eine Frau wird ihren Mann für vieles entschädigen, auf das er eine kurze Zeit aus Liebe verzichtete. Immer wieder höre ich, dass es sogar so weit geht, dass die Frau ihren Mann überfordert ...

Das ist ein Bereich, über den man in **QT** gut reden kann. Wie erging es Ihnen in der schwierigen Zeit vor und nach der Geburt? Was dachten Sie, was fühlten Sie? Welche Ängste hatten Sie? Wie ging es Ihrem Ehepartner damit?

So wie der Bereich Sexualität Metamorphosen durchmacht, so geht es mit vielen Bereichen unseres Seins. Denken Sie daran, wie es Ihnen bei Ihrem ersten Kind ging oder bei einer herausfordernden beruflichen Situation. Was machten Sie innerlich durch, als Sie einen lieben Menschen verloren oder auf andere Weise durch eine Beziehungskrise gingen? Sie sehen, es ist nur der Anfang von einem Meer von Möglichkeiten, über die man miteinander ins Gespräch kommen kann und die die Oberflächlichkeit schnell hinter sich lassen.

Zusätzliche Grundsätze für Ihre QT mit dem Ehepartner:

1. Sprechen Sie über Ihre Träume und Wünsche. Hier sollte es keine Tabus geben. Aber auch keinen Erwartungsdruck, dass nun jedes Bedürfnis, das ich offenbart habe, auch gestillt werden muss. Diese Gespräche sollten nicht lösungsorientiert (das Denkmuster vieler Männer), sondern beziehungsorientiert (das Denkmuster vieler Frauen) geführt werden.
2. Bekennen Sie einander Ihre Ängste und Sorgen. Auch hier geht es nicht um eine schnelle Lösung, sondern um ein Kennenlernen und Verstehen. Manchmal ist das aktive Zuhören schon der Anfang des Endes einer Angst oder einer Sorge.
3. Stellen Sie Ihrem Partner Fragen. Entscheiden Sie sich dafür, sich für ihn/sie zu interessieren. Auch gerade zu Themen, die Sie bisher eher langweilig fanden. Meine Frau liebt es, wenn ich mich für ihre kleine Welt interessiere. So frage ich sie, wie ihre Diät gerade läuft und was genau sie anwendet, um die drei Kilo zu verlieren, die sie als störend empfindet. Ich frage sie zu ihrem Fernstudium, das sie neben Kindern, Haushalt und Beruf mit viel Engagement und Freude angeht. Ich lerne immer eine Menge, wenn ich ihr zuhöre, und genieße es auch, wenn sie in meine kleine Welt eintaucht, um mich zu fragen, was mich beschäftigt, wie es mit meinem Sport läuft oder was für technische Dinge mich gerade interessieren.
4. Lernen Sie die Vergangenheit Ihres Partners kennen. Stellen Sie Fragen, die bis in seine Kindheit zurückreichen. „Was war Dein

Lieblingsspielzeug und warum?“ oder „Welcher Kinofilm hat Dich als Kind am meisten beeindruckt?“ „Was war die schlimmste Ungerechtigkeit, an die Du Dich aus Deiner Kindheit erinnerst?“ und so weiter. Es gibt hierzu sehr gut geeignete Hilfen, die kreative Fragen bereitstellen, die Sie in Ihrer **QT** einsetzen können. Iris und ich, wir haben zwei dieser Produkte bereits selbst mit viel Gewinn eingesetzt:

– Die „Talk-Box Vol. 2 – Für Paare“ (Neukirchener Aussaat Verlag EAN 42-6019353-006-7). Sie enthält 120 Fragekarten, aufgeteilt in zehn Kategorien, wie zum Beispiel: „Ich freu mich auf die Zukunft!” „Ehrlich gesagt!” oder „Kennst Du mich?”

– „Noch mehr Gespräche der Liebe für Paare“ von Gary Chapman (Francke Verlag ISBN 978-3-86122-674-1). Dieses spiralgebundene Aufstellbuch im Kartenformat beinhaltet 101 Fragen, die neue Horizonte öffnen und ins Gespräch über Erfahrungen, Hoffnungen und Träume führen können. Wir haben diesen Block manches Mal im Restaurant bei unserer **QT** aufgeklappt zwischen uns gestellt, sodass wir beide die gleiche Frage lesen konnten, und unterhielten uns hiervon angeregt tiefgehend und für unsere Liebesbeziehung bereichernd darüber.

Zuhören

Haben die einen eher Schwierigkeiten beim Reden, so geht es den anderen eher so beim Zuhören. Achten Sie darauf, dass Sie beide etwa gleich viel Redeanteil haben.
Ich beobachte häufig, dass bei Paaren einer extrovertiert ist, während der andere eher introvertiert ist. Der eine redet viel, der andere eher wenig. Das ist an sich in Ordnung, da wir ja nun einmal unterschiedlich sind und es oft gerade das war, was uns so

an unserem Gegenüber angezogen hat (auch wenn wir das tragischerweise manchmal vergessen und eher darauf bestehen, dass unser Ehepartner doch mehr wie wir sein sollte). Doch bin ich davon überzeugt, dass jeder, der sprechen kann, auch fähig ist, das Reden zu lernen. Mit anderen Worten: Finden Sie sich nicht damit ab, dass in Ihren **QT** nur einer das Wort führt.
Denn dann wären Sie am Ziel vorbeigeschossen. Sind Sie eher der Redende in Ihrer Beziehung? Dann lernen Sie, sich zurückzunehmen, und stellen Sie „W-Fragen", also Fragen, die nicht so leicht einsilbig mit „Ja" oder „Nein" beantwortet werden können. Fragen Sie „Warum?", „Wie?", „Wo?", „Weshalb?", „Wozu?" „Wer?" und „Wann?". Dann hören Sie zu. Ertragen Sie auch einmal ein oder zwei Minuten der Stille, ohne selbst gleich wieder das Wort zu ergreifen.
Setzen Sie mit Fragen weiter nach und dringen Sie so tiefer in das Herz Ihres Partners vor. Erfahrungsgemäß kommt irgendwann im Gespräch der Moment, wo der Korken rausspringt und aus den anfänglich wenigen Worten ein regelrechter Schwall wird. Sie werden Seiten an Ihrem Partner ganz neu oder wieder entdecken, die lange unsichtbar schienen. Also haben Sie Geduld.
Aktiv zuzuhören kann man lernen. Sowohl verbal, durch Nicht-Unterbrechen, durch interessiertes Nachfragen, durch das Ertragen von Pausen, wie auch durch meine offene Körpersprache kann ich meinem Gegenüber signalisieren: „Ich bin ganz aufmerksam und höre, was Du mir sagst. Ich nehme Dich ernst und was Dich bewegt, ist mir sehr wichtig."
Das Buch „Die 7 Wege zur Effektivität" von Stephen R. Covey ist hervorragend geeignet, sich im Bereich Kommunikation weiterzuentwickeln. Insbesondere Themen wie „aktives Zuhören" und „proaktiv leben" machen dieses Buch zu einem Referenzwerk zwischenmenschlicher Kommunikation. Eine Top-Empfehlung und

sicher nicht umsonst mit über 15 Millionen verkauften Exemplaren seit 1989 ein Weltbestseller.

Eheurlaube

Die wöchentlichen Inseln sind eine fantastische Gelegenheit, an Ihrer Beziehung zu arbeiten und sich regelmäßig zu updaten. Doch werden Sie nach einer Weile das Bedürfnis verspüren, mehr Zeit alleine mit dem Partner haben zu wollen als die drei bis vier Stunden pro Woche. Das ist gut und gesund. Möglicherweise steht Ihnen hier aber etwas im Wege: Es kann sein, dass Ihr Gewissen es verhindert, diesen Gedanken weiterzudenken. Entweder, Sie haben ein inneres Bild davon, wie eine Familie mit Freizeit und Urlaub umzugehen hat, oder Sie verfügen einfach derzeit nicht über das nötige Kleingeld, einen Eheurlaub auswärts zu finanzieren.

Vielleicht sind Sie schon einmal geflogen. Ich fliege beruflich mehrmals im Jahr. Jedes Mal – ganz gleich bei welcher Airline oder in welcher Sprache – wenn das Flugzeug sich auf den Start vorbereitet, werden die Passagiere mit den Sicherheitsvorkehrungen an Bord der Maschine vertraut gemacht. Hierbei kommt immer folgende Information: „Bei Druckverlust fallen über Ihnen Sauerstoffmasken herunter. Bitte ziehen Sie zuerst Ihre eigene auf, und helfen Sie danach Kindern und anderen Personen dabei, ihre aufzusetzen."

Das wirkt nur so lange egoistisch, bis man den Gedanken zu Ende denkt. Würde Papa oder Mama zuerst dem Kind die Maske aufsetzen und währenddessen einen Schock erleiden, würden wahrscheinlich beide ersticken oder aber das Kind ohne Elternteil aufwachsen. Beides keine erstrebenswerten Alternativen. Setzt jedoch Vater oder Mutter zuerst die Maske auf und ist seine/ihre Sauerstoffversorgung sichergestellt, dann kann er oder sie sogar mehreren Kindern das Leben retten, indem er sich um deren Sauerstoffversorgung konzentriert kümmern kann. Legen wir dieses Bild nun auf die Eltern-Kind-Beziehung im häuslichen Alltag um, erkennen wir schnell, dass es hier von ebenso großer Bedeutung ist, dass Eltern gezielt an ihrer Ehe, also der Grundversorgung der ganzen Familie, bauen. Ist ein Ehepaar auch nach vielen Jahren miteinander glücklich, sind es immer auch die Kinder. Wir sprechen schon heute von einem Drittel aller Kinder in Deutschland, die nur noch bei einem Elternteil leben. Könnte es sein, dass hier in vielen Fällen ein entscheidendes Element fehlte? Etwas, durch dessen Anwesenheit so manche Scheidung hätte verhindert werden können? Liebe und Nähe sind – wie wir uns ja bereits angeschaut haben – Entscheidungen. Entscheidungen, die immer wieder bewusst neu getroffen werden müssen. So wie ein Auto, egal, wie voll es heute getankt wurde, immer wieder zur Tankstelle muss, um weiter fahren zu können, so benötigt auch die beste Ehe regelmäßige Auftankzeiten, um gut weiterzulaufen und auch den nächsten Berg gut überwinden zu können. Denn Steigungen kommen in jedem Leben, immer wieder.

Verreisen Sie

Meine Frau und ich empfehlen, zwei solcher Eheurlaube im Jahr zu nehmen. Die müssen nicht lange sein und auch nicht teuer. Die einen bevorzugen hierfür ein Vier-Sterne-Hotel oder eine Spa-Suite und andere gehen lieber zusammen campen oder in eine der vielen inzwischen sehr schön gestalteten Jugendherbergen. Wichtig ist vor allem: weg von den Kindern und Zeit nur zu zweit.

Wir empfehlen, zwei bis fünf Nächte zu verreisen. Je nachdem, was für Sie zeitlich und finanziell durchführbar ist. Vielleicht beginnen Sie einfach einmal mit einem Wochenende. Erklären Sie Ihren Kindern, warum Sie ohne sie verreisen wollen. Meinen Kindern habe ich das in etwa so erklärt:

„Ihr müsst wissen, am allerliebsten verreisen Mama und ich mit Euch allen. Das sind die schönsten Zeiten für uns. Aber auch wenn Ihr uns fehlen werdet, möchten wir alleine reisen, um einmal Zeit nur für uns zu haben. Eure Mama ist der allerwichtigste Mensch in meinem Leben und diese Zeiten sorgen dafür, dass wir uns nicht im Alltag aus den Augen verlieren und weiter total ineinander verliebt bleiben.
Unsere Ehe ist wie ein Haus. Ein Haus, wo die ganze Familie drin wohnt. Wenn wir zu solch einem Eheurlaub aufbrechen, ist es, wie wenn wir das Fundament des Hauses inspizieren. Kleine Risse werden geschlossen und das Fundament wird noch mehr ausgebaut. Je stabiler das Fundament ist, desto höher kann man das Haus bauen. Höhe bedeutet für uns auch die Jahre, die wir zusammen sein werden. Wir wollen uns niemals scheiden lassen und arbeiten darum schon heute daran, dass es nie so weit kommen kann. Danke, dass Ihr das versteht und in der Zeit, wenn wir weg sind, auch für uns betet."
Wie ich schon erwähnte, hat jedes unserer Kinder Freunde und Freundinnen, die alleinerziehend aufwachsen. Sie alle finden es klasse, dass sie Eltern haben, die ganz gezielt und aktiv dafür arbeiten, dass eine Scheidung in unserer Familie nicht geschehen wird. Sie lassen uns gerne für diese Tage los und genießen die Zeit bei den Großeltern.
Wenn Ihr inneres Bild so war, dass man nicht ohne die Kinder verreist, dann überprüfen Sie bitte, ob es wirklich richtig ist, dieses Bild so beizubehalten. Natürlich sollte eine Familie einmal oder wenn möglich sogar mehrfach im Jahr zusammen Urlaub machen. Das steht außer Frage und ist Thema für ein anderes Buch. Ich hoffe, Sie haben verstanden, dass Sie das eine nicht gegen das andere aufwiegen müssen. Sie sollten beides haben: Kurzurlaub als Ehepaar und Urlaub(e) als ganze Familie.

Sind Sie dann einmal aufgebrochen, tun Sie das, was Sie gerne zusammen tun und gerade auch die Dinge, die Sie früher, vor den Kindern, gerne zusammen getan haben. Vielleicht mögen Sie es, zusammen ins Kino zu gehen, gut zu essen, oder eine Wanderung zu unternehmen. Vielleicht lieben Sie es, in eine Großstadt zu fahren und alte Gebäude und Museen zu besichtigen. Vielleicht ziehen Sie es vor, zusammen Sport zu machen und sich in einem Wellness-Hotel mit Massagen und Anwendungen verwöhnen zu lassen.

Vielleicht gehören Sie aber auch zu der Sorte wie meine Frau und ich, die in dieser Zeit einfach nur eine große Suite oder Ferienwohnung mit großer Badewanne und mitgebrachtem Beamer brauchen, um sich gute Filme anzuschauen und einander auf jedwede Weise zu genießen. Wenn wir von solch einer Ehezeit zurückkommen, sind wir in jeder Hinsicht satt und glücklich und mehr als bereit, uns wieder von ganzem Herzen der Herausforderung Familie zu stellen. Wir planen diese Ehezeiten übrigens ein Jahr im Voraus jeweils im Frühjahr und im Herbst.

Wenn die Großeltern Ihrer Kinder für solche Eheurlaube nicht zur Verfügung stehen, fragen Sie doch einmal bei den Paten der Kinder oder guten Freunden nach. Ich bin sicher, Sie finden einen Weg.

Eheurlaub zu Hause

Vielleicht steht Ihnen einfach zu wenig Geld zur Verfügung, um sich gleich zwei Spa-Aufenthalte oder Sonstiges zu leisten. Wissen Sie was? Das geht uns auch so. Wir verreisen einmal im Jahr und das andere Mal reisen wir ... „nach Hause“. Wo ist das bequemste Bett, wo gibt es die einzig richtigen Kissen, die vollwertigste Wohnausstattung, den meisten Platz, die größte Sicherheit, die richtige Technik ... ? Genau: bei Ihnen zu Hause. Warum also viel Geld ausgeben, um weniger zu haben als den eigenen Standard?

Das machen wir ja schließlich in jedem Sommer, wenn wir verreisen. Schicken Sie stattdessen die Kids für ein paar Tage in Urlaub. Natürlich muss man bei schulpflichtigen Kindern darauf achten, dass es dann an einem Wochenende oder während einer Ferienzeit geschieht, doch das ist alles planbar.
Wohin mit den Kindern? Zunächst sollten Sie einmal bei den Großeltern nachfragen. Wenn Sie das früh genug tun und diese sich so frühzeitig darauf einstellen können, werden Sie vielleicht eine Zusage erhalten, mit der Sie nicht gerechnet haben. Doch selbst, wenn es aus Entfernungs- oder Beziehungsgründen nicht möglich ist, oder einfach keine Großeltern mehr existieren, die das auch leisten können, gibt es andere kreative Wege. Zum einen gibt es vielleicht Onkel oder Tanten, die hier einspringen könnten. Auch gerade die Paten Ihrer Kinder können hier unterstützen. Wenn Sie den Sinn und Zweck dieser Ehezeiten erklären (verleihen Sie doch einfach dieses Buch und weisen auf das erste Kapitel hin), werden Türen aufgehen, die bisher verschlossen waren, und manch einer von denen, die durch Sie davon erfahren, wird selbst beginnen, **QT** einzuführen. Wer weiß, vielleicht finden Sie ja ein Paar, mit dem Sie sich arrangieren können. Sie nehmen deren Kids für ein Wochenende in den Osterferien im April und die nehmen Ihre Kids für ein Wochenende in den Herbstferien im Oktober.
Bedenken Sie nur: Die Planung sollte langfristig sein. Dann haben Sie die größten Chancen, sowohl gute Betreuer für Ihre Kinder als auch – wenn Sie verreisen – die gewollte Unterkunft zu bekommen.

Kinderfreie Zone

Unsere Kinder sind uns sehr wichtig. Doch erinnern Sie sich an die Ansage der Stewardess: Ziehen Sie sich zuerst die Sauerstoffmaske an, damit Sie in der Lage sind, Ihren Kindern zu helfen.

Darum möchte ich noch einmal betonen, dass zu einer echten **QT** mit dem Ehepartner die Abwesenheit der Kinder zwingend dazugehört. Die einzige Ausnahme ist natürlich ein Baby, das noch gestillt wird und seinen Rhythmus braucht.
Wichtig ist, dass die Kinder sich nicht ausgeschlossen oder gar bestraft fühlen. Im Gegenteil, sie sollten sich idealerweise sogar auf die Zeiten freuen, in denen Sie sich zurückziehen. Auch wenn dieses Ziel nicht immer erreicht werden wird, gibt es da ein paar hilfreiche Tipps, wie es doch sehr oft gelingen kann:

1. Wenn Sie ausgehen möchten und die Kinder noch klein sind, finden Sie einen Babysitter, den die Kids auch mögen, ja, auf den sie sich freuen. Das können die Großeltern sein oder ein zuverlässiges Mädchen aus der Nachbarschaft, das sich sein Taschengeld etwas aufbessern möchte.
   Lassen Sie an diesem Abend die Kinder etwas länger aufbleiben und werten Sie diesen Abend durch ein interessantes Spiel, Ofenpizza oder einen geeigneten Film auf. Vereinbaren Sie jedoch mit dem Babysitter, dass die Kinder im Bett sind, wenn Sie nach Hause kommen, damit Ihr Eheabend auch im Schlafzimmer ohne große Unterbrechung fortgeführt werden kann.
2. Für die Eheabende zu Hause eignet sich ein kleines Belohnungssystem. Die Kinder könnten zum Beispiel Punkte bekommen, „wenn wir Euch ab 20 Uhr nicht mehr zu sehen bekommen." Nach einem festgesetzten Zeitraum oder einer erreichten Punktzahl gibt es dann ein vorher in Aussicht gestelltes Geschenk oder einen Tag in einem Freizeitpark oder einen Kinobesuch ...
3. Wir haben eine stetig wachsende DVD-Sammlung von den allgemeinen Familienfilmen isoliert unter Verschluss. Bei

diesen Filmen handelt es sich um bei unseren Kindern besonders beliebte DVDs. An so manchem Eheabend (besonders in Ferienzeiten) dürfen sich unsere Kinder in einem der Kinderzimmer einen dieser Filme auf einem Notebook anschauen. Sie lieben diese Abende, selbst unsere Teenager-Tochter findet sie klasse. Dabei gibt es dann noch etwas zu knabbern und unser Eheabend läuft zu über 90 Prozent ohne jede Unterbrechung.

4. Bei all diesen Ideen ist sicherzustellen, dass Kinder verstehen, warum man Zeiten ohne sie verbringen möchte. Sie müssen sicher wissen, dass Sie sie lieben und es keine Ablehnung oder Strafe ist. Gerade kleinere Kinder sollten diese Zeiten der Abwesenheiten positiv erleben. Wir führen diese **QT** seit ungefähr 20 Jahren durch, also weit vor der Geburt unseres ersten Kindes. Wenn das Buch erscheint, ist unsere Erstgeborene schon 16 Jahre alt und weder sie noch ihre beiden Brüder (13 und 7) haben irgendwie unter unseren Eheabenden gelitten. Ganz im Gegenteil. Manchmal, wenn es etwas geschäftiger in unserem Haus zugeht, sagt eins der Kinder: „Geht doch mal kuscheln. Wir spielen eine Runde Wii. In Ordnung?"

Gemeinsam (Dinge tun)

Natürlich besteht eine gute Ehe aus mehr als den wöchentlichen Qualitätszeiten, hier und da einmal Sex und zwei Eheurlauben im Jahr.

Es ist der Alltag, der ein Paar zusammenbindet, während die besonderen Zeiten uns inspirieren und das Feuer am Brennen halten.

Die Eltern meiner Frau waren bis vor Kurzem Nebenerwerbslandwirte in einem kleinen Dorf. Sie kommen beide aus landwirtschaftlichen Familien, die wiederum von Landwirten abstammten und so weiter. Obwohl mein Schwiegervater hauptberuflich als Steinmetz und in einer Fabrik arbeitete, tat er ansonsten alles mit seiner Frau zusammen. Ob ich ihm half, einen Schuppen zu bauen, etwas zu reparieren oder an dem Umbau des Hauses zu helfen, wo ich mit meiner Familie heute lebe, meine Schwiegermutter war immer mit dabei. Sie fuhr den Traktor mit dem Anhänger, der das Getreide aufnahm, das der Mähdrescher, in dem mein Schwiegervater saß, erntete. Sie hacken Seite an Seite den Kartoffelacker und sie schälen Seite an Seite von den geernteten Kartoffeln in ihrer Küche, um eine Mahlzeit zuzubereiten. Schon als junger Mann habe ich mir von den beiden einiges abgeschaut. Als Pastoren bestellen wir zwar eine andere Art von Acker, doch haben wir gelernt, auch im Alltag viel zusammen zu tun.

Neben dem großen Vorrecht, beruflich eng zusammenarbeiten zu können, haben wir auch unsere sonstige Zeit bewusst miteinander verwoben.

Für uns funktioniert es zum Beispiel sehr gut, nur einmal monatlich einen Großeinkauf zu machen und dann wöchentlich nur noch frisches Obst, Gemüse und Wurst zu besorgen. Bei einer fünfköpfigen Familie ist dann solch ein Großeinkauf ein echter Event. Wir fahren in fester Reihenfolge drei Geschäfte an und wenn wir das hinter uns haben, ist unser Kofferraum (wir haben einen sehr großen) bis zur Decke gefüllt. Die ganze Familie freut sich auf dieses Ereignis. Für meine Frau Iris und mich bedeutet das auch echte Teamarbeit, Seite an Seite.

Es ist mir bis heute ein großes Vorrecht, meine Frau beim Kleidungskauf zu begleiten und zu beraten. Sie tut das Gleiche für mich. Wir kaufen also nicht füreinander, sondern miteinander

ein. In unseren Eheurlauben ist meist ein Tag Shopping in einer größeren Stadt unserer Umgebung fest eingeplant.
Die Hausarbeit miteinander zu tun ist ebenfalls eine Gemeinschaftsaufgabe. Auch der vollzeitig berufstätige Ehepartner sollte eine Aufgabe im Haushalt übernehmen – und sei es nur, um seinem Partner dadurch zu signalisieren: „Du bist nicht alleine. Ich stehe Dir zur Seite!" Für manche Frau gibt es nichts Erotischeres, als ihren Mann beim Abwasch des Geschirrs neben sich zu haben, während er abtrocknet.
Möglicherweise war es ein bestimmtes Hobby oder sportliche Aktivitäten, die einen Schwerpunkt Ihres gemeinsamen Lebens bildeten, ehe die Kinder kamen. Viele beenden diese Gemeinsamkeiten mit der Ankunft der Kinder. Zu schwierig wurde das Aufbringen der Kraft und noch schwieriger das Finden gemeinsamer Zeitfenster, um die geliebten Beschäftigungen gemeinsam fortzuführen. Die Jahre vergingen und manch ein Paar hat gar nicht realisiert, dass heute wieder Dinge möglich wären, die vor fünf Jahren noch indiskutabel waren. Durch Schichtdienst, Teilzeitarbeit oder Gleitzeitregelungen ließen sich nun vielleicht wieder an Vormittagen übereinstimmende Sporttermine finden. Zum Beispiel für eine Joggingrunde oder einen Besuch im Fitnessstudio. Warum nicht die neugewonnenen Freiheiten für solche Dinge nutzen, die entstehen, wenn die Kids in Schule und Kindergarten gehen? Das Leben der heutigen Generationen ist vielschichtiger geworden. Die klassischen „freien Zeiten" wie werktags ab 17 Uhr und freie Samstage und Sonntage sind längst in vielen Familien nicht mehr die Normalität. Da muss man heute umdenken. Es werden Sportzeiten auf Vormittage und Einkäufe auf Spätabende verlegt, um die zur Verfügung stehenden Ressourcen gut zu nutzen. Denn jedem vermeintlichen Nachteil stehen auch Vorteile gegenüber. Beruflich bedingt leite ich oft

bis spätabends Veranstaltungen. So geschieht es ab und zu, dass wir unseren Eheabend auf einen Vormittag verlegen und uns ein gepflegtes Frühstück in einem Café gönnen. Das war vor wenigen Jahren noch nicht möglich, da unser jüngster Sohn Kaleb noch kein Kindergartenkind war.
Nehmen Sie sich doch einfach einmal zusammen mit Ihrem Ehepartner den Terminkalender vor und finden Sie gemeinsame Schnittmengen in Ihrer Woche. Dann verabreden Sie sich ganz bewusst auch zu für Sie bisher ungewöhnlichen Zeiten für die Dinge, die Ihnen wichtig sind. Genießen Sie die neugewonnenen Freiheiten und machen Sie aus Ihrer Situation das Beste. Denn, sich nur immer über die Nachteile aufzuregen und in die passive Rolle überzugehen, verändert überhaupt nichts, außer Ihrem Herzen, das dadurch nur immer trauriger und bitterer wird.

Die acht Kühe

Ich möchte Ihnen gerne eine Geschichte erzählen, die verdeutlicht, wie entscheidend das richtige Verständnis von Liebe (als Entscheidung) für jede Ehe ist:

Ein junger Mann namens Jonny Lingo, ein wohlhabender Junggeselle, verliebte sich in ein unscheinbares Mädchen einer Nachbarinsel. Sarita war nicht nur unscheinbar, sondern auch mager, knochig und lief mit hängenden Schultern und gesenktem Kopf durch die Gegend. Saritas Vater hoffte zwar, einen Brautpreis für sie zu bekommen, fürchtete aber insgeheim, dass keiner sie haben wolle. Auf seiner Insel war es Sitte, den Brautpreis in Kühen zu bezahlen. Die gescheitesten und schönsten Mädchen brachten bis zu fünf Kühen ein. Sam hoffte, wenigstens eine einzige Kuh für seine Tochter zu bekommen.

Eines Tages hielt Jonny um die Hand seiner Tochter an und wollte mit ihm über den Brautpreis verhandeln. Er war bekannt, ein geschickter Kaufmann zu sein, während Sam in dem Ruf stand, der schlechteste seiner Insel zu sein. Obwohl Jonny noch sehr jung war, galt er als reichster Mann auf seiner Insel.
Sam wollte drei Kühe verlangen, aber auf zweien bestehen, bis er sicher war, dass Jonny mindestens eine bezahlen würde. Der große Tag kam. Jonny Lingo begann die Verhandlung mit einem Angebot, das sowohl Sam als auch die ganze Insel überraschte und zugleich erfreute: „Vater von Sarita, ich biete dir acht Kühe für deine Tochter!"
Die Hochzeit fand statt. Auf beiden Inseln erzählte man sich die Geschichte mit den acht Kühen. Die Bewohner amüsierten sich noch im Nachhinein darüber, wie der reiche Kaufmann von seinem Schwiegervater übers Ohr gehauen wurde.
Eines Tages bekam Jonny Lingo Besuch von einem westlichen Gast. Er hatte Sarita noch nicht gesehen. Und Jonny stellte ihm die Frage: „Sie waren doch auf der Nachbarinsel. Was sagen die Leute über mich?" Zögernd erzählte der Gast: „Man sagt, Sie hätten acht Kühe als Brautpreis bezahlt. Man fragt sich, warum."
In diesem Moment betrat eine wunderschöne junge Frau das Zimmer, um einen Strauß Blumen auf den Tisch zu stellen. Sie lächelte ihrem Mann zu und ging leichten Schrittes wieder hinaus. Der Gast hatte noch nie im Leben eine so schöne Frau gesehen: Die geraden Schultern, das energische Kinn, die funkelnden Augen – all das ließ ein gesundes Selbstbewusstsein erkennen.
Mit unverkennbarem Stolz sagte Jonny Lingo: „Das ist Sarita, meine Frau." „Aber", protestierte der Besucher, „sie ist ja wunderschön. Die Leute haben mir erzählt, sie sei eher unansehnlich und Sie hätten sich übers Ohr hauen lassen." Jonny lächelte. „Meinen Sie, acht Kühe wären zu viel für sie gewesen?" „Nein, keinesfalls", beteuerte der Gast, „aber wie ist es möglich, dass sie sich so verändert hat?"

Jonny wurde ernst. „Haben Sie schon einmal darüber nachgedacht, was es für eine Frau bedeuten muss zu wissen, dass ihr Mann sie für den billigsten Preis erworben hat? Wenn die Frauen dann später zusammensitzen und sich gegenseitig zu übertrumpfen suchen, wie viel ihre Männer für sie bezahlt haben, spricht eine von vier Kühen und eine andere vielleicht sogar von sechs Kühen. Wie muss da eine Frau empfinden, die von ihrem Vater für eine oder zwei Kühe verkauft worden ist? So etwas hätte ich meiner Sarita nicht zugemutet."
Jonny fuhr fort: „Ich wollte, dass Sarita glücklich ist. Es gibt vieles, was eine Frau verändern kann. Solange sie auf ihrer Insel lebte, hat sie sich selbst für nichts wert gehalten. Aber jetzt weiß sie, dass sie mehr wert ist als irgendeine andere Frau auf den Inseln. So konnte sie wunderschön werden."
Damit schloss Jonny seine Geschichte: „Ich wollte Sarita heiraten und liebte sie wie keine andere. Aber was ich haben wollte, war eine Frau, die acht Kühe wert ist." (Richard Clark)

In unserer Zeit sind es längst nicht immer die Frauen, die an ihrem Wert zweifeln und darum eine Haltung und Ausstrahlung entwickelt haben, die sie wenig attraktiv wirken lassen. Auch viele Männer die ich kenne, kämpfen mit Minderwertigkeit und Versagensängsten.
Als Ehepartner sind Sie in der Lage, Ihren Mann/Ihre Frau zu dem aufblühen zu lassen, was er/sie eigentlich ist. Durch die Zeit und Liebe, die Sie investieren, brechen Sie die alte Kruste Stück für Stück auf und mehr und mehr kommt von dem darin eingeschlossenen Gold zum Vorschein.
Die Wahrheit ist: Es gibt nicht den idealen Mann, die ideale Frau für Sie. Sie, Ihre Entscheidungen und Ihre Handlungen machen Ihren Partner zum besten Ehemann/zur besten Ehefrau, die es gibt. Wer das einmal verstanden hat, sucht nicht länger Ausreden, sondern Gelegenheiten!

Bedenken Sie: Wenn Sie jemanden lange genug wie Gold behandeln, wird er beginnen zu glänzen und zu funkeln!

Empfehlenswerte Liebesfilme

Seit meiner Jugend sammle ich Filme. So kommt es, dass ich heute Tausende von Filmen mein Eigen nennen darf. Als ich Christ wurde, begann ich eine selbstgewählte Zensur auf meine Sammlung zu legen, und nach und nach entfernte ich verschiedene Filme, deren Handlung den mir so wichtig gewordenen biblischen Werten widersprach.
Das führte auch dazu, dass ich verschiedene „Liebesfilme" nicht mehr sehen wollte. Ich spreche hier nicht nur über die Art von Filmen, deren Umgang mit Nacktheit und frivoler Sprachwahl sehr offensichtlich ein anderes Werteprofil zugrunde liegt. Es ging mir besonders um die so geschickt untergrabenen Werte von Treue und Ehe. Ich meine die Art von Filmen, in der in romantischsten Bildern dem Zuschauer verkauft wird, dass man doch seinen Gefühlen folgen sollte, wenn sie einen nun mal zu einer anderen Frau oder einem anderen Mann als dem Ehepartner ziehen. Typische Einleitungssätze für Ehebruch sind dann: „Wir lieben uns nicht mehr." „Er versteht mich nicht, wie Du es tust." „Ich fühle nichts mehr für ihn. Aber bei Dir sind alle Schmetterlinge wieder in mir erwacht." Wunderschöne Sonnenuntergänge, romantischste Landschaftsaufnahmen und leidenschaftlichste Kuss-Szenen rahmen das Bild solcher Filme eindrücklich ein und – ohne es zu merken – höhlen sie das eigene Gewissen durch emotionale Einschläge aus. Ohne es zu merken, können so romantisch aufgemachte Liebesfilme insbesondere bei in ihrer Ehe Unzufriedenen zu sehr gefährlichen Gedankengängen inspirieren.

Pornografie bedeutet wörtlich: Bild vom Ehebruch.
Während die einschlägige Pornoszene das sehr offensichtlich und transparent vermittelt, bringen solche Pseudo-Romantikfilme es eher sehr versteckt rüber und rechtfertigen es durch die große Hollywoodlüge: „Liebe ist ein Gefühl – geh ihm nach!"
Sollte man also jetzt am besten ganz auf Liebesfilme verzichten, um seine Ehe zu schützen?
Meine Frau und ich, wir glauben: Nein.
Wenn man folgende Grundsätze beachtet, wird man gute, ehefördernde Filme erkennen und mit den anderen richtig umgehen.

– Lassen Sie sich gute Filme empfehlen, doch seien Sie nicht überrascht, wenn die Empfehlungen im Nachhinein in Ihren Augen unverständlich sind. Das ist uns selbst auch einige Male passiert. Über Geschmäcker lässt sich zwar streiten, doch sind einige Kompromisse für uns inakzeptabel und so fanden einige Filme schließlich den Weg zu Ebay oder in die Mülltonne.

– Sprechen Sie über die „No-Gos" mit Ihrem Ehepartner und legen Sie eine Liste mit Dingen fest, die zum sofortigen Abbruch des Filmes führen. Bei Iris und mir sind solche Dinge zum Beispiel erotische Nacktszenen bzw. das Zeigen von Geschlechtsteilen und jede Form von Romantisierung einer Beziehung eines verheirateten Menschen mit einem anderen Partner.

– Vorsicht mit europäischen Romanzen, wenn Nacktheit zu Ihren „No-Gos" gehört. Während in den USA Nacktheit im Fernsehen (wo ja die Produzenten ihre Filme laufen lassen wollen, nachdem sie im Kino gezeigt wurden) tabu ist, würzen europäische Regisseure oft bewusst ihre Filme mit viel nackter Haut, Frivolitäten und vor allem weiblichen Reizen.

– Wählen Sie zum Beispiel Filme, die von verheirateten Paaren handeln, die vielleicht durch eine schwere Zeit gehen, aber dadurch letztlich nur noch fester zusammengeschweißt werden. Oder wählen Sie Filme, wo ein unverheiratetes Paar sich findet und schließlich heiratet. Am Schluss solcher Filme läuten in der Regel buchstäblich die Hochzeitsglocken und man sieht Mann und Frau vor dem Traualtar stehen. Der Grund hierfür ist die eigentliche Bedeutung einer Ehe. Es ist eben nicht nur ein Blatt Papier, das Steuervorteile mit sich bringt. Es ist ein ernst gemeintes Versprechen, einander treu zu sein, mit Respekt zu begegnen, einander zu lieben und zu dienen und das alles, solange man lebt. Dieser Bund, den zwei Menschen mit der Ehe eingehen, gehört auch in unserer Zeit noch immer zu den kostbarsten und edelsten Dingen, denen wir begegnen. Filme, die diesen Wert unterstreichen und hervorheben, füllen uns mit guten Gedanken und prägen so unsere inneren Haltungen und Überzeugungen, aus denen sich dann letztlich unsere Handlungen ableiten.
Hier finden Sie eine Liste von Liebesfilmen, in denen unserer Erinnerung nach obenstehende Werte nicht verletzt sind. Sie gehören zu unseren persönlichen Favoriten. Vielleicht besorgen Sie sich ja mal den einen oder anderen Film für einen gelungenen Eheabend:

Das Schwiegermonster
(ein junges Paar hat ein großes Problem: Die Schwiegermutter)
My big fat Greek Wedding
(Hochzeitsromanze. Verschiedene Kulturen treffen aufeinander)
Down with Love (Neuverfilmung des Klassikers
mit Doris Day und Rock Hudson)
Mitten ins Herz (Top-Favorit für Musiker)
Walk the Line (die Liebes- und Lebensgeschichte
von Johnny Cash in seiner zweiten Ehe)

30 über Nacht (viel Fun und Musik aus den 80ern)
17 again (wunderschön, romantisch)
Family Man (was wäre gewesen wenn ...
Man lernt Kinder und Familie ganz neu zu schätzen,
einer meiner Favoriten)
Klick (ein Ausblick, wohin Fehler führen können und wie man es besser macht. Die kleinen Dinge des Alltags bekommen Bedeutung. Ein wenig frivol)
Lizenz zum Heiraten (lustig, mit Robin Williams als Pastor)
An Deiner Seite (wie eine große Krise zur Chance wird - kaum ein Film hat mir mehr Tränen entlockt und er tut es immer wieder)
50 erste Dates (anrührend, romantisch)
Ein Chef zum Verlieben (Klassische Lovestory)
Aus nächster Nähe (tragische Lovestory mit großartigen Schauspielern)
Kate & Leopold (Perfekte Karrierefrau des 21. Jahrhunderts trifft einen echten Gentleman aus dem Jahr 1876)
Eve und der letzte Gentleman (wunderschön, voller Werte)
Manhattan Love Story (klassische Lovestory, armes Mädchen trifft Millionär)
Der Klang des Herzens (zwei Musiker finden durch den Sohn, von dem sie nichts wissen, wieder zusammen. Wunderschön)
Die Frau des Zeitreisenden (nicht ohne Tragik, aber mit viel Tiefgang. Man lernt zu schätzen, was man hat, und im Heute zu leben)
Fireproof (Großartige Story um ein Paar, das sich fast auseinanderlebt, doch dann kommt eine unerwartete Wende).
Facing the Giants (Ein Paar in gleich mehreren fetten Krisen. Happy End garantiert)

Not easily broken – Gib niemals auf (Ein Mann mitten in der Versuchung. Lohnt es sich, alles zu riskieren wegen einer anderen?)
Marley & Ich (eine Familiengeschichte im Zeitraffer eines Hundelebens. Sehr bewegend, nicht nur für Hundeliebhaber)
Auf immer und ewig (die Cinderella-Story einmal ganz anders)
The Climb – der Aufstieg (Was wirklich im Leben zählt)
Entführer & Gentlemen (sehr romantische Entführungsgeschichte aus der Mantel-und-Degen-Zeit)
Die Unglaublichen (ein Disneyfilm über eine außergewöhnliche Familie, nicht nur für die Kleinen sehenswert)

Natürlich gibt es viele weitere gute, ehefördernde Filme. Auch werden unsere Favoriten vielleicht nicht jedermanns Geschmack sein. Darum ist diese Liste auch mehr als Anreiz und Einstieg zu verstehen, seine eigene Liste zu entwerfen. Wenn Sie beginnen, auf das zu achten, was Sie mit Augen und Ohren aufnehmen, wird das eine massive Auswirkung auf das haben, was Sie in sich aufbauen und was Sie durch Ihre Worte und Handlungen ausdrücken. Viel Erfolg!

QT in Ihrer Partnerschaft:

Machen Sie den ersten Schritt

1. Wie viel Zeit möchten Sie mit Ihrem Partner verbringen?

2. Welche Entscheidung in Sachen Liebe sollten Sie treffen? Was werden Sie ganz praktisch hierzu tun?

3. Wie könnten Ihre gemeinsamen „Inseln" aussehen? Wie wäre der Zeitrahmen, was wären gute Orte hierfür?

4. Welche Inhalte/Aktivitäten gehören zu Ihrer QT als Paar (Sex, Reden, Zuhören, Eheurlaube, Eheurlaube zu Hause, kinderfreie Zone)? Was hiervon möchten Sie zuerst angehen? Wie werden Sie praktisch?

5. Welche Dinge könnten Sie gemeinsam tun? Was würde Ihnen beiden Spaß machen?

6. Wie könnten Sie Ihrem Partner zeigen, wie bedeutungs- und wertvoll er/sie für Sie ist (Stichwort: „acht Kühe")?

Quality Time

mit den Kindern

Jemand beschrieb einmal ein Kind als ein unbeschriebenes Blatt Papier. Und genau das ist es. Das Besondere ist, dass Sie als Vater oder Mutter solch ein Blatt oder mehrere Blätter in der Hand halten.
Sie können sicher sein, dass dieses Blatt in Ihrer Hand in einigen Jahren vollgeschrieben sein wird. Die Frage ist nun: Wer hat es vollgeschrieben und womit?

Das Geheimnis Zeit

Ähnlich wie bei der **QT** mit dem Ehepartner ist es nicht irgendetwas Mystisches, irgendein Geheimrezept oder gar die richtigen Gene, was den Unterschied zwischen einer guten oder schlechten Beziehung ausmacht.
Gehen wir nur einmal 100 Jahre in unserer Geschichte zurück. In den Jahren kurz vor dem Ersten Weltkrieg bestand Deutschland neben dem Militär in erster Linie aus einer landwirtschaftlich ausgerichteten Bevölkerung. Man stand mit dem Hahn auf und erledigte seine Pflichten. Die Tiere wurden gefüttert, die Kühe gemolken und das Weidevieh wurde auf die Weide geführt.
Bei dieser Arbeit hatte jeder im Haus seine Aufgaben. Kinder nahmen diese auch selbstverständlich schon vor der Schule wahr. Oft wurden diese Arbeiten Seite an Seite ausgeführt. Die jungen Mädchen verbrachten viel Zeit an der Seite von Mutter und oft noch

Großmutter in der Küche, um die Mahlzeiten vorzubereiten. Die Jungs halfen Vater bei den Aufgaben draußen. Sie hackten Unkraut, halfen bei der Ernte und banden das Stroh. In diesen Zeiten geschah etwas sehr Wichtiges, was damals oft gar nicht als solches wahrgenommen wurde:
Die Jungen lernten ganz praktisch von den Alten durch Vorbild, aber auch durch gezieltes Unterweisen und Vormachen.
Es fand ein Austausch zwischen den Generationen statt. Hier wurde über alles geredet. Schließlich gab es noch kein Radio, keine Spielkonsole, Fernseher, Internet und Mp3-Player, mit dessen Hilfe man sich kommunikativ isolieren konnte. Die Gespräche waren eine beliebte Ablenkung von der oft sehr eintönigen Feldarbeit. So entstand letztlich jenes engmaschige Beziehungsnetz, das Dörfer zu echten Einheiten werden ließ. Jeder wusste nahezu alles vom anderen und jede Neuigkeit verbreitete sich in kürzester Zeit. Klassenverbände und Cliquen erleben eine Art Renaissance dieser Verbundenheit, wenn wichtige News per SMS die Runde machen oder per Facebook, Twitter und so weiter innerhalb von Minuten buchstäblich um die Welt gehen.
Kennen Sie schon diesen Witz: Fritzchen und seine Schwester kommen von einem Wochenende bei ihren Großeltern zurück. Papa fragt: „Na, wie war's, Ihr zwei?" „Ätzend langweilig", antwortet Fritzchen. „Stell Dir vor, Oma und Opa hatten die ganze Zeit nichts an!"
Geschockt tauschen Papa und Mama Blicke aus. Verlegen greift Mama ins Gespräch ein: „Du meinst, Fritz, Großvater und Großmutter hatten überhaupt nichts an?" „Nein", sagt Fritzchen. „Sie hatten überhaupt nichts an. Kein Radio, keinen Fernseher, keine Playstation, und das die ganze Zeit ..."
Kürzlich hörte ich von einer Umfrage, die weltweit unter Jugendlichen gemacht wurde. Man wollte herausfinden, welches Wort die

junge Generation heute am besten beschreiben würde. Heraus kam: „müde". Überall bezeichneten sich Jugendliche als müde. Menschen in ihrer Powerzeit haben für sich vielerorts weder Sinn noch Ziel vor Augen. Sie fühlen sich als Nummern im großen Getriebe unserer Zeit. Austauschbar, beliebig, wertlos. Produktionsfaktoren auf zwei Beinen ohne Zukunft.

Die Psychologen haben uns schon vor Jahren wissen lassen, dass Menschen, die ohne gesunde Bestätigung aufwachsen, oftmals scheitern werden. Bestätigung, die in allererster Linie durch Mütter und in besonderem Maß von Vätern kommen muss. Wenn Sie ein analytisch denkender Leser sind, dann drehen sich in Ihnen wahrscheinlich bereits die inneren Zahnräder: „Was genau muss ich tun? Wann muss ich es tun und wie? Welche Fehler muss ich vermeiden? Welche Struktur sollte ich haben? Wie sollte mein Bestätigungs-Jahresplan aufgebaut sein?"

Jeder Weg beginnt mit dem ersten Schritt!

In unserem Fall ist dieser erste Schritt, Zeit zu reservieren. Zeit, um sie bewusst mit Ihrem Kind zu verbringen. Wenn Sie mehrere Kinder haben, spreche ich von Zeit mit jedem alleine.

Ich unterscheide:

Projekt-QT

Das sind Zeiten, in denen Sie mit Ihrem Kind etwas unternehmen. Für diese Zeiten reserviere ich mir circa vier bis fünf Stunden. Wir machen etwas zusammen, was uns beiden Freude macht. Tipps dazu kommen weiter unten.

Alltags-QT

Das sind kurze aber wichtige **QT** in alltäglichen Situationen. Das ist die Gutenachtgeschichte mit den Kleinsten, die viertelstündige Playmobilspieleinheit mit Ihrem Jungen oder der gemeinsame

Hundespaziergang mit Ihrer Tochter. Wenn es passt, nehme ich gerne eins meiner Kinder mit, wenn ich zum Einkaufen fahre oder dienstlich zu einer Veranstaltung unterwegs bin. Selbst wenn wir am Zielort keine wirkliche **QT** haben können, so haben wir sie doch während der Fahrt, wo wir dann eben „nichts an haben" und stattdessen miteinander reden. Bei diesen Gelegenheiten hatte ich einige der wertvollsten Gespräche mit meinen Kindern.

Für viele ist es sehr hilfreich, sich die Zeiten der Projekt-**QT** bereits für das ganze Jahr im Kalender zu reservieren.

Wie viel Zeit? Das hängt zum einen von Ihrem zur Verfügung stehenden Zeitbudget ab und zum anderen von der Anzahl und dem Alter Ihrer Kinder. Grundsätzlich ist wenig immer noch besser als nichts.

Sollten Sie also derzeit nicht in der Lage sein, meine nachstehenden Empfehlungen umzusetzen, seien Sie bitte nicht entmutigt. Nehmen Sie das, was möglich ist, und machen Sie das Beste daraus.

Die Kraft der Prägung

Bonding zum Beispiel nennt man die sensibelste Phase der kindlichen Prägung in den ersten zwei Lebensstunden. Für viele von uns ist diese doch sehr kurze Zeit bereits vorbei und wir können nicht mehr beeinflussen, was in diesen ersten zwei Stunden im Leben unseres Kindes geschah.

Dann lehrt uns die Psychologie, dass in den ersten sechs Jahren mehr als 80 Prozent unserer Persönlichkeit geformt werden.

Neueste Gehirnforschung jedoch kommt zu der Erkenntnis, dass unser Gehirn, wenn es stimuliert wird zu lernen, nie damit aufhört und auch ein altes Gehirn (als solche werden Gehirne von Menschen ab 40 bezeichnet) sich permanent durch die Bildung neuer

Synapsen, Verdrahtungen und Netzwerke weiterentwickeln kann. So kann uns die Erkenntnis der Bedeutung frühkindlicher Prägung herausfordern, aus der Passivität herauszutreten. Die Erkenntnisse jüngster Gehirnforschung hingegen bringen uns wieder in Entspannung, wenn unsere Kinder inzwischen bereits sieben Jahre alt oder älter sind. Mit anderen Worten: Es ist nie zu spät, in unsere Kinder zu investieren und auch nicht in uns selbst. Doch das ist ein anderes Thema, über das ich im Kapitel „**QT** mit mir selbst" näher eingehe.

Eine sehr interessante Studie, die A. E. Winship 2005 in seinem Buch „Jukes-Edwards: A Study in Education and Heredity" veröffentlichte, unterstreicht die große Bedeutung, die Vater und Mutter für die Zukunft nicht nur ihrer Kinder haben. Die Auswirkungen dessen, was Sie an Ihre Kinder weitergeben, werden sich bis auf Generationen auswirken, die lange nach Ihrem Ableben geboren werden.

1. Die Familie Edwards:

Jonathan Edwards war Pfarrer. Er und seine Frau waren hingebungsvolle Christen. Sie glaubten der Bibel und übernahmen die hohen moralischen und ethischen Maßstäbe der zehn Gebote und des Liebesgebotes Jesu („Liebe Gott, Deinen Nächsten wie Dich selbst ..."; „Liebe Deine Feinde") als Fundament für ihr Leben. Und das ist aus ihrer Familie in den nächsten drei bis fünf Generationen geworden:

- 14 College-Präsidenten
- 100 College-Professoren
- 30 Richter
- 100 Pastoren und Geistliche
- 60 Ärzte
- 60 Schriftsteller
- 100 Rechtsanwälte

2. Die Familie Jukes:
Zur selben Zeit wie Mr. Edwards lebte ein anderer Mann, der von R. A. Dugdale, der diese Studie 1874 begann, mit dem Namen Max Jukes bezeichnet wird. Mr. Jukes, geboren 1720, war ein gemeiner Dieb, der es im Leben nie zu etwas brachte. Und dieses Erbe hat er den kommenden Generationen hinterlassen:
- 300 professionelle Bettler
- 60 Diebe
- 130 überführte Kriminelle
- 55 Akte sexueller Zwangshandlungen
- nur 20, die je einen Beruf erlernt haben
- 10, die im Gefängnis gesessen haben
- 7 Mörder

Mit anderen Worten, die Werte, die Sie und ich unseren Kindern vermitteln, sind ein größerer Schatz und haben größere Auswirkungen auf die nächsten Generationen, als es ein Millionen-Euro-Erbe hätte.

Was tun in einer Projekt-QT? - Beispiele

Ein paar Tipps für kostenlose und kostengünstige **QT** mit Ihrem Kind:

Empfehlen würde ich **QT** mit Kindern ab zwei Jahren. Mit Windeln und Wickelrucksack gerüstet kann man sich auch als Papa schon mal für zwei Stündchen durchschlagen.
Mit meinen Jungs in diesem Alter bin ich zum Beispiel in ein größeres Kaufhaus gegangen und wir sind einfach ganz oft Rolltreppen gefahren. Meine Kids liebten in dieser Zeit Rolltreppen und

sie fanden das ganz klasse, dass ich mit ihnen nicht nur kurz heraufgefahren bin, um etwas zu besorgen, sondern zehn- oder fünfzehnmal rauf und runter fuhr.
Dann haben wir einen Händler für Landmaschinen in der nächstgelegenen Stadt. Meine Jungs mögen Traktoren und so ließen wir uns Zeit und schauten uns alle die großen Gebrauchttraktoren an, die bei diesem Händler im Hof standen.
Mein Mädchen mochte schon in diesem Alter sehr gerne Pferde. Was lag da näher als ein ausgedehnter Spaziergang durch unsere Felder mit den vielen Pferdekoppeln. Dabei im Rucksack noch ein paar Kleinigkeiten für ein Picknick und wir hatten eine klasse Zeit.
Dann haben wir nicht weit entfernt von unserem Dorf einen ICE-Bahnhof. Meine Jungs begannen schon im Kleinkindalter damit, sich für Eisenbahnen zu interessieren. Thomas, die kleine Lokomotive, ist in unserem Haus durch zahlreiche DVDs, mehrere Bücher, eine regelmäßig erscheinende Kinderzeitschrift und mit Dutzenden von Lokomotiven aus Holz vertreten. Was lag da näher, als sich echte Loks anzuschauen. So standen wir schon oft auf der Übergangsbrücke des ICE-Bahnhofs mit den Plexiglaswänden und warteten, bis der nächste ICE unter unseren Füßen durchdonnerte und die Betonbrücke zum Schwingen brachte.
Auch der Besuch eines normalen Bahnhofs und das Bestaunen der Züge und Anhänger war so manches Mal ein Erlebnis, von dem meine Jungs auch nach Tagen noch erzählten.
Warum nicht einmal eine echte Zugfahrt als Quality Time einplanen? Insbesondere, wenn Sie normalerweise überall mit dem Auto hinfahren, wird es ein echtes Highlight für Ihren Junior sein.
Etwas, an dem alle Kids Spaß haben, ist ein Spielplatzbesuch. Kennen Sie bereits alle guten Spielplätze Ihrer Umgebung? Wenn nicht, fragen Sie doch mal Ihre „Kollegen und Kolleginnen", also andere Mamis und Papis, denen Sie im Kindergarten oder bei

Elternabenden in der Schule begegnen. Da gibt es echte Geheimtipps. Auch auf den Websites einiger Gemeinden oder auf von engagierten Eltern erstellten Homepages findet man die begehrten Outdoor-Spielplätze.
Wie wäre es mal mit einer Radtour? Sobald Ihr Kind sicher Rad fahren kann, können Sie loslegen. Bei kleineren Kindern bietet es sich an, die Räder zuvor im Kofferraum oder mit einem Fahrradträger für das Auto an einen Ort fernab der gefährlichen Hauptverkehrsstraßen zu bringen. Von einem Waldparkplatz oder einem Feldweg aus können Sie dann eine dem Alter des Kindes angemessene Radtour starten. Ein Rucksack mit ein paar süßen Kleinigkeiten und etwas zu Trinken und die Rast während der Tour wird für Ihren Nachwuchs ein Höhepunkt werden. Ambitionierte Radsportler sollten für solche Touren ein inneres Slowdown (Herunterschalten) vornehmen, Pulsuhr und Brustgurt zu Hause lassen und sich ganz darauf konzentrieren, möglichst viel Spaß mit ihrem Kind zu haben. Innerer Leistungsdruck oder Effizienzzwänge sind hier kontraproduktiv.
Eine ganz fantastische Idee ist es auch, mit Ihrem Kind zu spielen. Fragen Sie Ihr Kind, was es gerne mit Ihnen spielen möchte, und lassen Sie sich einfach mal darauf ein. Vielleicht nehmen Sie die Spiele mit zu einem Spielplatz oder spielen zusammen im Auto auf einem Parkplatz (je nach Art des Spieles). Auch in einem Schnellrestaurant lässt es sich nach einem leckeren Burger gut spielen und Ihr Kind wird es lieben ...
Ein paar der begeisterndsten Zeiten mit meinem Sohn Raphael hatten wir, während wir Papierflieger bastelten und damit Wettflüge im Hof veranstalteten. Wir haben zahlreiche Modelle gefaltet. Hierzu gibt es einige Bücher und auch kostenlose Tipps im Internet. Sogar eine App für iPhone, iPad oder iPod Touch. Nehmen Sie Ihr Kind doch einmal mit auf den Friedhof, um das Grab einer

nahestehenden Person zu pflegen. Mit einem mit verschiedenen Grabpflegegeräten bestückten Eimer bin ich diesen Weg mit jedem meiner Kinder mehrere Male gegangen. Natürlich gab es nicht so viel vor Ort zu tun. Etwas Laub entfernen und etwas hacken und so weiter. Doch bot der Weg hin und zurück Gelegenheit, von dem Menschen zu erzählen, der einen Teil der Wurzel repräsentiert, aus dem unsere Familie hervorging. Die Urgroßeltern, die wir besuchten, hat keins meiner Kinder je lebendig gesehen. Sie starben vor deren Geburt. So verbinden wir diesen Ausflug in unsere Familiengeschichte mit mancher interessanten Anekdote und haben auf dem Friedhof auch schon so manches tiefergehende Gespräch über Leben, Tod und Sinn geführt.
Weitere Ideen für **QT** mit Ihrem Kind, die jedoch ein Budget voraussetzen:

Für alle:
- Kinobesuch
- Essen bei McDonald's, Burger King, KFC usw.
- Eis essen im Sommer
- Zugfahrt in eine andere Stadt
- Schwimmbadbesuch
- Zoobesuch

Für Teenager:
- Shoppingtour (warum nicht das Bekleidungsbudget für Ihr Kind mal auf diese Weise auf den Kopf hauen, statt im Katalog zu bestellen?)
- Pizza essen
- Zusammen Billard spielen oder Kegeln
- einen Cappuccino, Café Latte oder eine heiße Schokolade zusammen trinken

- Musicalbesuch
- Fußballspiel live anschauen

Schaffen einer gemeinsamen Ebene

Zu den wichtigsten Erkenntnissen über **QT** mit meinen Kindern zählt, dass ich, um ihr Herz zu berühren, ihnen nahe sein muss. Nicht nur die körperliche Präsenz ist hier gemeint, sondern das Begeben auf die Ebene des Kindes.

Dazu muss ich wissen, was meinem Kind wichtig ist, was es beschäftigt. Vor was hat mein Kind Angst? Was sind seine Highlights? Wer sind seine Helden und Vorbilder? Natürlich wissen wir als aufmerksame Eltern auf jede dieser Fragen richtige Antworten. Doch entwickeln sich unsere Kinder schnell weiter. Ich erinnere mich, wie begeistert meine Tochter zu einer bestimmten Zeit jene Gummiarmbänder sammelte, die, wenn man Sie auf den Tisch legte, zu den Umrissen verschiedener Tiere, Musikinstrumente oder Figuren wurden. Ich war in dieser Zeit beruflich in den USA und kaufte dort überall, wo ich sie fand, Päckchen mit diesen Gummis – natürlich nur die besten und originellsten, eben die, die es in Deutschland nicht gab und die darum besonders wertvoll und interessant für meine Tochter Grace sein würden. Nebenbei bemerkt, die waren auch ziemlich teuer. Als ich sie dann bei den nächsten Gelegenheiten wie Ostern und Geburtstag ganz stolz den Geschenken beilegte (inzwischen waren seit meiner USA-Reise bereits einige Wochen vergangen), bemerkte ich, dass die große Freude und Überraschung bei Grace, die ich mir beim Kauf vorgestellt hatte, ausblieb. Sie schaute stattdessen eher traurig und beim zweiten Mal sogar genervt. Erst da ging mir ein Licht auf. Ich hatte nicht mitbekommen, dass ihr Interesse an diesen Gummis vorbei war. So wie Jahre zuvor, als sie (wie die meisten anderen Kids auch) mit ihrem Stickeralbum herumlief und jeden Aufkleber, den sie fand, wie einen seltenen Schatz darin aufbewahrte und von einem Tag auf den anderen Tag das Sticker sammeln „out" war, so war nun auch die Zeit dieser Gummiarmbänder vorüber. Seien Sie sich also bitte nie zu sicher, dass Sie Ihr Kind wirklich kennen. Bleiben Sie stattdessen dran und lernen Sie Ihr Kind immer wieder neu kennen. Es ist ein großes Vorrecht, sich Zeit zu nehmen, die Veränderungen im Leben Ihres Kindes beobachten und daran teilhaben zu dürfen.

Eine Ebene mit Ihrem Kind zu bekommen erfordert somit eine gewisse Flexibilität von Ihrer Seite. Wenn Sie sich mit solchen Veränderungen schwer tun, verzweifeln Sie nicht. Eine Persönlichkeitsstudie in den USA ergab, dass 70 Prozent aller Amerikaner stetige Menschen sind. Ich bin davon überzeugt, dass die Ergebnisse in Europa nicht viel anders ausfallen würden. Stetige Menschen vermeiden Veränderungen nicht bloß. Sie fürchten und hassen sie regelrecht. Kinder hingegen kommen in ihrer ganzen Kindheit niemals aus den Veränderungen heraus. Sie sind sozusagen selbst Veränderungen auf zwei Beinen. Ihr Körper wächst 13, 14 Jahre lang oder noch länger ununterbrochen. Ihr Verstand bekommt nahezu täglich neue Informationen. Sie lernen ständig mehr dazu, und das nicht nur durch die Schule. Ihr Körper spielt mit ihnen und mit ihrer Seele Ping-Pong.

Nach all den äußerlich sichtbaren Wachstumsschüben, den vielen neuen Zähnen und Kleidergrößen müssen die Kids dann mit all den Zeichen der Pubertät fertig werden. Die Mädchen bekommen ihre Regel, ihnen wachsen plötzlich Brüste und die Hüften verbreitern sich, während die Jungs auf einmal eine tiefere Stimme bekommen. Die hormonellen Veränderungen führen zu vermehrter Schweißproduktion, die Libido entwickelt ganz neue Gefühle,

mit denen man umgehen lernen muss. Dazu kommen für viele die ungeliebten Pickel, Hitzewellen und Gefühlsschwankungen, auf die sie nie vorbereitet wurden.
Bitte bedenken Sie, dass viele Anzeichen der Pubertät oft innerhalb von einigen Monaten geschehen. Es war für mich ein wirklich beeindruckendes Erlebnis, wie meine Tochter von meiner kleinen Prinzessin zu einer wunderschönen, körperlich voll ausgebildeten Frau wurde, und das innerhalb von weniger als einem Jahr. Wenn Sie eine ältere Tochter haben, wissen Sie, was in der Regel in ihrem dreizehnten oder vierzehnten Lebensjahr für äußerlich sichtbare Veränderungen in atemraubendem Tempo abliefen. Selbst als nicht-stetiger Mensch hatte ich hier meine Mühe, mitzukommen. Wenn Sie all diese Dinge bedenken, erhalten Sie eine ungefähre Vorstellung darüber, wie unstetig die Entwicklung unserer Kinder bis zum Ende der Pubertät ist. Das ist eine Herausforderung für jeden Vater und für jede Mutter und es lohnt sich, dran zu bleiben und diese wichtigen Entwicklungsschritte unserer Kinder nicht zu verpassen, sondern sie zu begleiten.
Nachfolgend möchte ich Ihnen etwas von meinen Versuchen berichten, eine Ebene mit meinem Nachwuchs zu gestalten. Dabei muss ich zugeben, dass mir das bei meinen Söhnen viel leichter fiel und fällt als bei meiner Tochter. Das hat natürlich damit zu tun, dass ich selbst einmal ein Junge war und weiß, wie Jungs denken, was ihnen Spaß macht.
Eine wichtige Unterstützungslinie, um eine Ebene mit unserem Kind zu erreichen, ist, zu wissen, was ihm gerade besonders Spaß macht und beschäftigt oder auch, worüber es sich sorgt oder ängstigt. Alleine schon, den Alltag meines Kindes nachfühlen zu können (also um ihn zu wissen), qualifiziert mich, einen Weg zu seinem Herzen zu finden. Als ich mitbekam, wie mein Sohn Raphael sich von heute auf morgen für Fußballkarten interessierte

(er war damals etwa sieben Jahre alt), beschloss ich, mich auf seine Ebene zu begeben. Als einer der wenigen Deutschen, die mit Fußball überhaupt nichts am Hut haben, war das eine Herausforderung für mich. Doch ich nahm sie an. Ich besorgte mir bei einer Tankstelle zwei Sammelalben und zwei Dutzend Tütchen mit diesen Sammelkarten, auf denen die Fußballspieler der verschiedenen Mannschaften mit einigen persönlichen Daten und vor allem der Spielerstärke aufgeführt waren. Dann schenkte ich Raphael ein Album und zwei oder drei Tütchen und nahm mir ebenso ein Set. Wir saßen zusammen auf dem Sofa und packten gespannt unsere Karten aus. Es war unglaublich, seine Freude und seine Erwartungshaltung zu sehen, während er eine nach der anderen betrachtete. Den Rest der Kartentütchen bewahrte ich in einem Schrank in meinem Home Office auf.

Das Ergebnis war, dass mich mein Sohn nun öfter besuchte und ich hier und da auch mal ein Tütchen locker machte. Woche für Woche, wenn er sein Taschengeld bekam, kam er zu mir, um ein oder zwei dieser Tütchen bei mir zu kaufen. Ich nahm mir dann natürlich auch immer ein Päckchen und wir machten aus dem gemeinsamen Auspacken ein Ritual. Natürlich tauschte er diese Bildchen in der Schule und im Kindergottesdienst mit seinen Freunden. Doch ich war sein wichtigster Sammelpartner. Ab und zu war in diesen Tütchen auch eine Fußballkarte mit einem „Starspieler" oder einer „limitierten Auflage", welche sich beide durch silberne oder goldene Einrahmung und natürlich eine besonders hohe Spielerstärke ausdrückten. Die Spieler dieser besonderen Karten hatten als Spielwert oft eine Zahl über hundert. Diese Karten waren die größten Schätze meines Sohnes in dieser Zeit. Wenn ich solche Karten hatte, versuchte Raphael alles, um sie zu bekommen. Ich erinnere mich, wie ich ihm einmal morgens eine solche wertvolle Karte mit ein paar kurzen Zeilen auf seinen Frühstücksteller legte. Was hat er sich gefreut! Hätte ich ihm einen 100-Euro-Schein statt der Karte geschenkt, hätte er sich nicht mehr freuen können. Natürlich wusste ich, diese Zeit geht vorbei, und sie ging vorbei. Heute liegen von Raphael und mir je zwei dicke Sammelalben voll mit Hunderten dieser Karten auf dem Speicher, doch wir hatten fast zwei Jahre alleine durch diese Karten eine Ebene. Eine Zeit, die keiner von uns beiden je vergessen wird und die uns immer wertvoll in Erinnerung bleiben wird. Persönlich halte ich diese Sammelkarten natürlich für das, was sie tatsächlich sind: Taschengeldvernichtungsmaschinen.

Für unsere Beziehung waren sie jedoch jeden Cent wert und ich würde und werde (wenn Kaleb in das Alter kommt) wieder mit dabei sein, wenn in unserem Haus irgendwelche Karten gesammelt werden.

Einen anderen Weg, mit meinen beiden Jungs eine Ebene zu schaffen, war es, mir eine Playmobilarmee zuzulegen. Raphael hat Hunderte von Playmobilrittern und Soldaten und selbst der fünf Jahre jüngere Kaleb hat bereits mehrere Dutzend Playmobil-Kämpfer, die er überall mit hin nimmt. Als Junge spielte ich schon gerne mit Playmobil. Besonders klasse fand ich die Nordstaatler mit ihrem Fort. Vielleicht weil ich nie ein Fort hatte, nur Einzelfiguren. So besuchte ich Ebay und kaufte mehrere alte Forts, zwei Planwagen, Pferde und ein paar Kanonen für kleines Geld und bestellte bei Playmobil mehrere Nordstaatler, die in deren Ersatzteilekatalog angeboten werden. Innerhalb kurzer Zeit hatte ich so ein riesiges Fort mit rund 40 voll bewaffneten Playmobilsoldaten und 30 Pferden zusammen.

Meine Jungs kamen aus dem Staunen gar nicht mehr heraus, als sie dann zum ersten Mal das aufgebaute Set sahen. Jeder wollte mit mir spielen und obwohl ihre eigenen Figuren viel aktueller sind, finden sie die US-Kavallerie am allerschönsten. Das Fort baue ich nur ein paar Mal jährlich auf, aber es ist jedes Mal ein toller Verbindungspunkt zu den Herzen meiner Jungs.

Vor etwa einem Jahr installierte ich eine weitere gemeinsame Ebene. Ich schenkte jedem Mitglied meiner Familie ein Nerf-Gewehr (die schießen mit Schaumstoffpatronen, sind völlig ungefährlich, sehen aber cool aus). Mit diesen Spielwaffen liefern wir uns manchmal richtige Familienschlachten quer durchs ganze Haus oder im Garten. Selbst die beiden Frauen unseres Hauses sind mit Eifer dabei und wir haben auch als Familie auf diese Weise eine gemeinsame Ebene gefunden.

Kürzlich hatte ich den Eindruck, etwas Neues suchen zu müssen, was eine starke Verbindung mit meinem großen Jungen Raphael schafft. Er brachte ein extrem gutes Zeugnis mit nach Hause. Danach fuhr ich mit ihm zu unserem örtlichen Modellbaugeschäft und kaufte ihm einen hochwertigen fernlenkbaren Geländewagen. Mir selbst kaufte ich einen mit dazu (natürlich noch schneller) und für Kaleb besorgte ich eine kleine Ausführung. Das war dann mal etwas, was weder meine Frau noch meine Tochter interessierte. Seitdem waren wir bereits auf Wiesen, im Wald, auf Feldwegen oder dem Fußballplatz mit unseren drei Fahrzeugen unterwegs und hatten jede Menge Spaß.

Vor einiger Zeit standen wir kurz davor, den langgehegten Wunsch unserer beiden großen Kinder zu erfüllen. Sie wollten Degus, jene posierlichen tagaktiven Nagetiere, die seit einigen Jahren den Siegeszug in deutsche Kinderzimmer antreten. Da es Rudeltiere sind, beschloss ich, mich an ihrem Vorhaben zu beteiligen und den dritten Degu zu kaufen. Der Käfig sollte im Zimmer meiner Tochter stehen. So wäre ich an allen Kosten beteiligt und wir hätten ein gemeinsames Hobby installiert. Letztlich kam es aus verschiedenen Gründen nicht zustande. Doch kann auch so etwas eine Idee sein. Meine Tochter Grace hatte zum Beispiel ein paar Jahre ein

eigenes Aquarium und auch das schuf zu mir, der ich zwei Becken besitze, natürlich eine Ebene.
Aktuell sind gerade Beyblades das heißeste Spielzeug an der Schule meines Sohnes Raphael. Es sind aus mehreren Komponenten bestehende Kreisel mit verschiedenen Stärken und Schwächen, mit denen man gegeneinander antreten kann. Man kann Teile untereinander austauschen und so seine Blades in verschiedensten Konfigurationen antreten lassen. Sie ahnen es schon, ich habe mir auch bereits einige dieser Kreisel zugelegt. Natürlich die coolsten. Zu Weihnachten erhalten auch die Frauen unserer Familie solch einen „Kampfkreisel" und so bauen wir unsere gemeinsamen Ebenen beständig weiter aus.
Das waren jetzt nur ein paar Beispiele, die für mich und meine Familie funktionieren. Ich hoffe, dass Sie hierdurch selbst auf die eine oder andere Idee gekommen sind oder noch kommen. Es gibt unzählige Möglichkeiten für Sie, eine Ebene mit Ihrem Kind zu schaffen. Seien Sie kreativ.
Mit meiner Tochter war ich schon mehrfach Tennis spielen und habe im Fitnessstudio trainiert oder Radtouren gemacht. Welcher Sport oder welches Hobby wäre für Sie ein Ansatz? Vielleicht müssen Sie das eine oder andere ausprobieren, um festzustellen, dass es nicht funktioniert. Doch hier ist der Weg das Ziel. Sie können nicht versagen. Denn es ist Ihr Herz und Ihre Bereitschaft, die Sie Ihrem Kind ausdrücken, durch die es erkennen wird, wie wichtig es Ihnen ist.

Der Vaterfaktor

Obwohl es außer Frage steht, dass Mütter für jedes Kind etwas einmalig-unersetzlich Wichtiges sind, wird die Rolle des Vaters häufig unterschätzt. Seine Rolle beschränkt sich zumeist auch in der heutigen Zeit noch darauf, den größten Teil des Einkommens nach Hause zu bringen, um der Familie einen guten Lebensstandard zu ermöglichen.

Während es immer in einem großen Aufschrei und tiefer Bestürzung gipfelt, wenn man hört, dass eine Mutter ihre Kinder verlassen hat – was eben auch nur sehr, sehr selten geschieht und natürlich darum um so tragischer ist –, ist eine alleinerziehende Mutter bei einer großen Anzahl deutscher Kinder ein normales Bild. Zusammen mit Patchwork-Familien bestimmen diese zum großen Teil das soziale Bild unseres Landes.

Statistiken belegen eindrucksvoll, dass die Quote jugendlicher Verbrecher fast zu 100 Prozent mit der Nicht-Anwesenheit, bzw. Nicht-positiv-Einflussnahme der Väter einhergeht. Wo Väter keine guten Werte, Ziele und Verhaltensweisen in die jungen Charaktere ihrer Kinder einfließen lassen, schütten andere Quellen oft ungefiltert ihren Dreck hinein.

Genauso gilt jedoch auch umgekehrt, dass väterliche Bestätigung einen besonders hohen positiven Einfluss ausübt, der durch nichts anderes ersetzt werden kann. Solch ein Einfluss bewirkt, dass aus Kindern charakterlich stabile, reife und mündige Männer und Frauen hervorgehen, die ihren Weg im Leben machen werden und von denen unsere Gesellschaft noch ein paar mehr gut gebrauchen könnte.

Mütter haben in der Regel automatisch die eine oder andere **QT** mit dem Nachwuchs in jeder Woche. Darum werbe ich dafür, dass insbesondere die Väter hier aktiv werden. Planen Sie diese Termine mit großer Priorität ein. Investieren Sie Zeit in Ihre Kinder. Vielleicht hat Ihr Kind längst Ihre Augen oder Ihre Nase. Doch was Sie ihm in solchen **QT** mitgeben, wird sich auf die nächsten Generationen Ihrer Familie wesentlich stärker und positiver auswirken und es wird sich multiplizieren. Sehen Sie, welch ein Vorrecht wir Väter haben, unsere Kinder mit all dem Guten zu beschenken, das man uns mit auf dem Weg gegeben oder das wir aus anderen Quellen in unseren späteren Lebensjahren lernen durften? Tatsächlich glaube ich, gibt es kein Hobby, keinen Sport und keine Karriere, die Ihre Zeit so wert ist wie die Entwicklung Ihres Kindes. Es ist eine leere Seite in Ihrer Hand ...

Drei Grundsätze

Für den Erfolg von QT mit Ihrem Kind gibt es drei Grundsätze, die Sie beachten sollten:

1. Schaffen Sie Distanz zu Ihrem Kind!
Sicher haben Sie von Menschen gehört, die Berggipfel besteigen um „Abstand zu gewinnen". Diese Personen wollen einen Überblick über ihr oft verworrenes Leben gewinnen, um ihre Prioritäten neu zu ordnen oder einfach um in ihrem Leben Dinge wieder überblicken und einordnen zu können. Es ist wie bei einem Puzzle. Habe ich das große Bild nicht vor Augen, werde ich aus den Hunderten oder Tausenden von Puzzleteilchen nie das fertige Puzzle erstellen können. So bewirkt beim Bergsteiger wie beim Puzzlespieler der Abstand den Überblick. Und der Überblick ist die Voraussetzung, um richtig handeln zu können.
Bevor Sie Ihrem Kind auf den nächsten beiden Ebenen begegnen können, müssen Sie einen oder zwei Schritte zurück machen. Als Eltern sind wir häufig sehr nahe dran. Wir kennen unser Kind seit dessen Geburt und glauben manchmal, unser Kind viel besser zu kennen als es selbst. Das stimmt sicher auch in einigen Bereichen. Doch kann dieses Denken uns unsensibel für wichtige

Veränderungsprozesse im Leben unseres Kindes machen oder gar dazu beitragen, dass wir solche ganz verpassen. Sätze wie „Ich weiß genau, was Du denkst!“ oder „Ich kenn Dich genau. Das wirst Du nicht mögen!“ drücken für unser Kind manchmal das Gegenteil von dem aus, was wir eigentlich sagen wollten. Statt der Botschaft „Ich will ja nur Dein Bestes“ schwingt da eher „Er/sie nimmt mich und meine Bedürfnisse nicht ernst“ mit. Sich nicht verstanden oder ernst genommen zu fühlen baut nicht selten einen riesigen Graben zwischen Kind und Eltern auf. Einen Graben, der so breit und tief werden kann, dass man sich nicht mehr wirklich begegnet, obwohl man sich häufig trifft.
Darum empfehle ich Ihnen, erst einmal auf Distanz zu gehen. Natürlich nicht emotional. Das wäre das Letzte, was wir tun sollten. Doch seine eigene, vielleicht längst festgefahrene Sichtweise abzulegen und den jungen Menschen, der in Ihrem Zuhause lebt, mit neuen Augen wahrzunehmen, wird der Schlüssel sein, eine neue, tiefere Ebene und echte Nähe mit Ihrem Kind zu erleben.

Stellen Sie sich hierzu Fragen wie:
- Was sind die größten Probleme im Leben meines Kindes?
- In welchen Herausforderungen steckt mein Kind derzeit?
- Was macht ihm/ihr am meisten Spaß?
- Wo hat sich mein Kind in den letzten zwei Jahren am meisten verändert? Warum?
- Wo sind meine wichtigsten Berührungspunkte mit meinem Sohn/meiner Tochter?
- Welches Verhalten von mir könnte ihn/sie verletzt oder auf Distanz zu mir gebracht haben?

So wie die Fragen, so wird Sie die innere Distanz dazu führen, zuerst Ihr Kind ganz neu und dadurch realistischer wahrzunehmen.

Sie werden vielleicht entdecken, dass Ihr Kind sich enorm entwickelt und verändert hat, seit Sie das letzte Mal eine solch gründliche „Erkenntnisprüfung“ vorgenommen haben. Sie werden erkennen, dass Ihr Kind inzwischen andere Themen bewegen als die, die Sie bis jetzt unbewusst mit ihm verbanden. So wie Gummiarmbänder oder Fußballkarten ihre Relevanz verlieren, so gibt es nun neue Bereiche zu entdecken, die für Ihr Kind inzwischen sehr wichtig geworden sind. Das ist eine spannende Reise, die Sie schließlich – wie bei der Fragenliste oben – wieder bei sich selbst ankommen lässt. Dann wird aus der „Du-Frage“ eine „Ich-Frage“. Wie wirke ich? Was kann und sollte ich verändern? Wo kann ich Einfluss nehmen?

2. Schaffen Sie eine Ebene zu Ihrem Kind!

Aus dem gewonnenen Abstand, der entstandenen Distanz, sehe ich klarer. Ich erkenne mir bisher verborgen gebliebene Charaktereigenschaften, Veränderungen, Problemfelder und Sehnsüchte. Nicht nur über mein Kind, sondern auch über mich selbst wird mir in solchen Zeiten immer wieder Neues bewusst.

Natürlich bedeutet der Schritt der inneren Distanz nicht zwangsläufig, dass ich jetzt den totalen Durchblick habe. Wie bei einem Bergsteiger gibt es auch Nebelfelder oder Sonnenspiegelungen, die mich nicht jedes Detail erkennen lassen. Auch sorgt die durch Distanz entstandene Entfernung dafür, dass trotz einer besseren Übersicht wichtige, kleine Details im großen und ganzen Bild verschwinden.

Darum ist der erste Schritt, um eine gemeinsame Ebene mit meinem Kind zu schaffen, der, Fragen zu stellen.

Oftmals habe ich beobachtet, wie gerade hier viele Eltern versagten. Ich habe so manches Mal beobachtet, wie die ehrlich gemeinten Fragen gleich selbst von den Eltern beantwortet wurden, nachdem sie sie ausgesprochen haben. Auch sah ich immer wieder, wie

Eltern die wichtige Antwort ihres Kindes durch alte Filter gehört haben. Diese Filter bewirken, dass man das hört, was man immer gehört hat. Dadurch, dass man keine Veränderung erwartet, blendet man solch wichtige Details der Botschaft einfach aus. Am Ende stehen dann Sätze der Eltern wie „Das habe ich mir schon gedacht. Ich kenn Dich halt zu gut!"
Setzen: Sechs – Ziel verfehlt!
Zwingen Sie sich zu reflektieren, um keine wichtigen Details zu verpassen.

Zwei hilfreiche Instrumente

Die Paraphrase

Wiederholen Sie wichtige Aussagen Ihres Kindes in dessen Worten. Nehmen wir einmal an, Ihr Sohn Kevin hätte gesagt: „Ich fühle mich in Deiner Nähe manchmal unwohl, weil ich das Gefühl habe, dass Du alles, was ich tue, kontrollieren willst und Du mir nicht wirklich vertraust."
Ihre Paraphrase würde dann in etwa so lauten:
„Kevin, habe ich das richtig verstanden? Du sagst, dass Du Dich in meiner Nähe manchmal unwohl fühlst, weil Du das Gefühl hast, dass ich alles, was Du tust, kontrollieren will und ich Dir nicht wirklich vertraue?"
Die Tatsache, dass Sie den Wortlaut Ihres Sohnes verwenden, wird alleine schon signalisieren, dass Sie ihn und seine Worte sehr ernst und wichtig nehmen. So wird Kevin sich für das weitere Gespräch öffnen können. Wahrscheinlich wird er Ihrer Paraphrase zustimmen und seine Aussage durch weitere Informationen konkretisieren. Auch möglich wäre, dass er Formulierungen abmildert, die er dann doch nicht wirklich so hart ausdrücken wollte. Zum Beispiel könnte er erwidern: „Ja, Papa, das

stimmt! Aber eigentlich meine ich hauptsächlich, dass ich mit meinem Geld nicht machen darf, was ich will. Bei meinem Sport finde ich es sogar toll, wie Du mich da unterstützt ..."

So haben Sie jetzt entscheidende Mehr-Informationen und können klarer auf das reagieren, was das wirkliche Problem darstellt. Ihr Junge mag Ihre starke Unterstützung und Anteilnahme beim Sport. Vielleicht sind Sie sogar so etwas wie ein zweiter Coach/Trainer für ihn. Also sollten Sie sich hier nicht zurückziehen. Stattdessen gilt es, über den Bereich „Umgang mit Finanzen" zu sprechen und hier die Zügel lockerer zu lassen.

Eine Paraphrase enthält nur die Aussagen Ihres Gegenübers und keinerlei eigene Wertungen, Fragen oder Aussagen. Hierdurch steigen Sie von der „Vaterebene" auf die „Ebene Ihres Kindes" herab und Sie beide können sich auf Augenhöhe begegnen.

Jemand sagte einmal: „Wenn man dem Kind im Gegenüber begegnet ist, fürchtet man nicht länger den Mann/die Frau!"

Keine Angst, dieser Ausstieg aus der Autoritätsrolle schadet Ihnen nicht. Ihr Kind wird es anstandslos akzeptieren, wenn Sie nach einer **QT** wieder in Ihre Rolle als Vater oder Mutter schlüpfen und es wieder eine klare Hierarchie gibt. Das ist gesund und richtig und vermittelt Ihrem Kind nicht zuletzt Schutz und Sicherheit.

Die Verbalisierung

Anders als die Paraphrase ist die Verbalisierung eine inhaltliche Wiedergabe mit Ihren Worten. Eine Wiedergabe dessen, was gesagt und vor allem, was Sie zwischen den Zeilen zu hören glaubten. In unserem Beispiel mit Kevin könnte eine Verbalisierung dessen erster Aussage sein:

„Kevin, ich empfinde, dass Du mich als zu dominant im Umgang mit Dir siehst. Ist das richtig?"

Eine Verbalisierung dient dazu, nicht Gesagtes in Worte zu kleiden. Manchmal kann das bedeuten, den Elefanten beim Namen zu nennen, von dem jeder empfindet, dass er im Raum ist, den aber keiner benennt.
Wichtig ist, dass die Verbalisierung wie auch die Paraphrase ein Werkzeug ist, um Klarheit zu schaffen und Missverständnissen vorzubeugen. Darum ist ein Hinterfragen seiner eigenen Aussage immer ganz entscheidend.

3. Schaffen Sie Nähe zu Ihrem Kind!

Aus dem Abstand heraus haben Sie so wichtige und für Sie neue Informationen gesammelt, die es nun anzuwenden gilt.
Suchen Sie kreative Wege, Ihrem Kind auf Augenhöhe zu begegnen, und setzen Sie sie um. Wagen Sie etwas. Riskieren Sie, probieren Sie und nehmen Sie in Kauf, dass Sie Fehler machen werden. Das gehört zu diesem Prozess. Doch da hier der Weg zumindest Teil des Zieles ist, wird selbst ein Versagen zu einem Teilerfolg.
Nähe bedeutet immer, sich verletzlich zu machen. Ausdruck echter Nähe ist zum Beispiel, um Vergebung zu bitten, wenn man eine Fehlentscheidung getroffen hat, oder man zum Beispiel jemanden mit Worten verletzt hat. Ich habe schon einige Eltern getroffen, die sich niemals bei ihrem Kind entschuldigt haben. Ich erinnere mich an eine junge Frau, die inzwischen selbst Kinder hat. Sie sagte mir, dass ihre Mutter sich in ihrem ganzen Leben niemals bei ihr entschuldigt hat. Eine andere Frau und heute ebenfalls Mutter mehrerer Kinder sagte mir, dass ihr Vater ihr, bis sie selbst Mitte 30 war, niemals gesagt habe, dass er sie liebt. Bei beiden Frauen hat das seelische Wunden hinterlassen, die ihre Leben Jahrzehnte mitgeprägt haben.
Nähe bedeutet, sich verletzlich zu machen.

Vielleicht haben Sie es nie erlebt, dass Ihre Eltern Ihnen Liebe so ausgedrückt haben, wie Sie es sich gewünscht haben. Vielleicht haben Ihre Eltern nie die Größe gezeigt, Sie um Vergebung zu bitten, wenn sie Ihnen gegenüber Fehler machten. Dann trennen Sie sich doch heute von diesem Teil Ihres natürlichen Erbes. Entscheiden Sie sich dazu, hier ein Pionier zu sein und Dinge zu tun, die Sie von Ihren Vorbildern nicht lernen konnten. Werden Sie stattdessen Vorbild für Ihre Kinder und machen Sie es ihnen leichter, als Sie es selbst hatten. Sie haben es (noch) in der Hand!

Wenn Sie diesen Stand der Nähe mit Ihrem Kind erreicht haben, wird jedes Ihrer Worte unendlich viel bedeuten und bewirken.

Ihre Bestätigung wird maßgeblich dazu beitragen, dass Ihr Kind eine gesunde und reife Persönlichkeit wird.

Jeder Weg beginnt immer mit dem ersten Schritt. Versuchen Sie bitte nicht, alles auf einmal zu ändern. Das führt oft nur zur Überforderung und Frustration und lässt viele schließlich ganz aufgeben. Beginnen Sie bei Grundsatz 1 (Distanz schaffen), um durch Abstand Ihr Kind, seine Bedürfnisse, Interessen, Ängste und Sorgen klarer und vollständiger sehen zu können. Wenn Sie die ganze Vorlage des Puzzlebildes vor sich sehen, können Sie am besten entscheiden, mit welcher Maßnahme Sie beginnen, eine Ebene mit Ihrem Kind zu schaffen, und wie Sie eine größere Nähe zu Ihrem Sohn oder Ihrer Tochter aufbauen können.

Fangen Sie an, Ihr „kürzestes Brett“ zu verlängern. Ein aus Holzlatten gefertigtes Fass kann immer nur so viel Flüssigkeit aufnehmen, wie die kürzeste Latte es erlaubt. Ebenso gilt es auch in Ihrer Beziehung zu Ihrem Nachwuchs, zuerst das Brett zu verlängern, das am kürzesten ist. So werden Sie am schnellsten Fortschritte machen.

Wenn Sie zum Beispiel merken, dass Sie keine Ebene mit Ihrem Kind haben, ist es wahrscheinlich wichtiger, hieran zu arbeiten, als gemeinsame Aktivitäten zu planen.

Wie wäre es, wenn Sie sich für eine oder zwei Ideen entscheiden, mit deren Umsetzung Sie zeitnah beginnen?

Mögliche Starthilfen wären:
- Verabredung mit Ihrem Kind zu einem ersten **QT**-Treffen (z.B. bei McDonald's oder im Eiscafé)
- Wenn solche Treffen bereits bestehen, könnte ein Interview ein guter Anfang sein. Nennen Sie es ruhig so. Bitten Sie Ihren Sprössling um ein Interview. Die wenigsten werden das ablehnen. Vor allem dann nicht, wenn Sie erklären, dass Ihnen viel daran liegt, Ihr Kind richtig kennen zu lernen und vor allem das zu verstehen, was Ihnen derzeit noch schwer fällt. Welches Kind kann solch einem Angebot widerstehen?

Zur Vorbereitung ist es auch sehr hilfreich, sich selbst als Vater oder Mutter vorab zu fragen:
- Wie sehe ich mein Kind und warum sehe ich es so?
- Wie wirke ich auf mein Kind? Wie nimmt es mich wahr? (Da können Sie gute Tipps von Ihrem Ehepartner bekommen. Fragen Sie!).
- Welche meiner vorhandenen Interessen könnten mit denen meines Kindes kompatibel sein beziehungsweise welche meiner Hobbys könnten meinem Nachwuchs auch gefallen?
- Auf welche der Hobbys und Interessen meines Kindes könnte ich mich einlassen?

Ich möchte zum Ende dieses Kapitels noch einmal betonen, wie wichtig es ist, beides zu pflegen: Alltags-**QT**s und Projekt-**QT**s.
So klasse, wie Projekt-**QT**s auch sind, sie können nicht die vielen regelmäßigen Zeiten im alltäglichen Leben ersetzen, die Ihr Kind maßgeblich prägen. Ich verbringe mit jedem meiner drei Kinder sieben halbtägliche Projekt-**QT**s im Jahr und alle zwei Jahre mit

jedem Kind einen Miniurlaub von drei Tagen. Doch versuche ich auch, jeden Tag zehn Minuten Zeit mit jedem meiner Kinder alleine zu verbringen. Wo immer möglich nehme ich eins meiner Kinder mit zu einer kurzen Besorgung, klinke mich bei meiner Tochter in den Hundespaziergang am Abend ein (morgens habe ich die Hunde in der Regel ganz alleine) oder setze mich mit meinem Kleinsten eine Viertelstunde hin und spiele mit ihm Playmobil oder etwas anderes. Es sind diese alltäglichen Dinge, die uns Leben teilen lassen. Wir haben Anteil am Alltag unseres Kindes und das ist ein großes Vorrecht. Nehmen Sie es wahr.

So, nun liegt es an Ihnen. Ihr erster Schritt wird für Sie selbst wahrscheinlich ein kleiner sein, doch er wird ein großer sein für Ihre Beziehung zu Ihrer Tochter/Ihrem Sohn.

Stellen Sie sich vor, wie Sie in vielen Jahren, vielleicht wenn Ihr Kind selbst längst Kinder hat, an diesen Tag zurückdenken. Sie werden dann feststellen, dass dieser eine Schritt der Anfang von vielen wundervollen Dingen war, die darauf folgten. Alles beginnt mit einer klaren Entscheidung und einer konkreten Planung.

Wie sagte schon eine alte Benzinwerbung: Es gibt viel zu tun, packen wir es an!

Es gibt kein „zu spät“

Vielleicht sind Ihre Kinder schon erwachsen und vielleicht haben Sie keine gute Beziehung zu ihnen. Dann möchte ich Ihnen Mut machen, auf Ihre Kinder neu zuzugehen. Einer meiner Freunde ging durch eine hässliche Scheidung. Seine drei Kinder wurden völlig von ihm isoliert und stark einseitig vonseiten der Mutter beeinflusst. Es vergingen kostbare Jahre, in denen mein Freund fast keinen Kontakt zu seinen Kindern hatte. Dann machte ich ihm Mut, aktiv auf sie zuzugehen und **QT** einzuführen. Er begann damit, als seine Kinder bereits im Teenager-Alter waren. Es begann zögerlich und es gab Rückschläge. Doch vor Kurzem bedankte sich mein Freund bei mir mit den Worten: „Ich habe heute eine erstklassige Beziehung mit allen meinen drei Kindern. Das war für mich vor ein paar Jahren unvorstellbar. Du mit Deinen Vorschlägen zur **QT** bist daran schuld, dass meine Beziehung zu meinen erwachsenen Kindern heute besser ist, als sie je zuvor war." Er ist nur einer von mehreren Menschen, die mir solche Rückmeldungen gaben. Um mit **QT** zu beginnen, ist es niemals zu spät. Investieren Sie! Wagen Sie es! Was haben Sie zu verlieren?

QT mit Ihrem Kind:

Machen Sie den ersten Schritt:

1. Wie viel Zeit möchten Sie mit Ihrem Kind verbringen?

2. Was für „Projekt-QT" können Sie sich mit Ihrem Kind vorstellen? Schreiben Sie sie auf.

3. Wie könnten Sie tägliche QT mit Ihrem Kind in Ihren Alltag integrieren? Was könnten Sie zusammen tun?

4. Wie könnten Sie eine gemeinsame Ebene mit Ihrem Kind schaffen beziehungsweise diese weiter ausbauen? Für welche Spiele oder Interessen Ihres Kindes könnten Sie sich ganz bewusst entscheiden und wie könnten Sie ganz praktisch darin investieren? Wie gut kennen Sie Ihr Kind? Notieren Sie sich bitte Antworten auf die Fragen:
   - Was ist meinem Kind wichtig?
   - Womit beschäftigt sich mein Sohn/meine Tochter?
   - Wovor hat mein Kind Angst?
   - Wer sind die Vorbilder und Helden meines Kindes?
   - Was sind ihre oder seine Highlights?
   - Wovon träumt mein Mädchen/mein Junge?

5. In welchen der drei Grundsätze sollten Sie als Erstes investieren?
   - Distanz zum Kind herstellen, um es so wahrzunehmen, wie es – heute – ist.
   - Eine gemeinsame Ebene mit dem Kind herstellen.
   - Nähe durch Vertrauen und Gemeinsamkeiten herstellen.

Quality Time

mit Ihren Eltern

Als Pastor hatte ich schon das traurige Vorrecht, an manchem Grab zu stehen und den Abschied von einem Vater oder einer Mutter anderer Menschen mit zu gestalten. In vielen Gesprächen vor oder nach solchen Anlässen wurde mir immer wieder gesagt, dass man es so schmerzlich bedauere, nicht mehr Zeit mit diesem Menschen verbracht zu haben.
Ich erinnere mich an meinen Vater, der mir einmal sagte, dass er sich, nachdem auch sein zweiter Elternteil gestorben war, wie eine Waise gefühlt habe. Das elterliche Nest, in dem er groß wurde, war plötzlich für ihn unerreichbar geworden. Obwohl er selbst zu dieser Zeit längst als Mann fest im Leben stand, verband er doch immer mit seinen Eltern die Gewissheit, jederzeit bei ihnen Schutz und Zuflucht finden zu können, wenn in seinem Leben irgendetwas schief laufen sollte. Am Anfang des Buches schrieb ich über den Tod meiner Großmutter und das anschließende Gespräch mit meiner Mutter, das mir die Augen für diesen Bereich öffnete und einer der Gründe für die Entstehung dieses Buches wurde.
Natürlich ist mir bewusst, wie wenige heile Familien in unserem Land existieren. Mir ist klar, dass viele Leserinnen und Leser hier ein Grundproblem haben werden. Doch wenn eines oder gar Ihre beiden Elternteile noch am Leben sind, haben Sie einen riesigen Vorteil gegenüber denen, denen es so geht wie meinem Vater oder meiner Mutter. Vielleicht haben Sie keine besonders gute Beziehung zu Ihrem Vater oder Ihrer Mutter oder die Beziehung ist längst völlig abgerissen.

Doch das muss nicht das Ende sein. Sie können etwas an der jetzigen Situation ändern.

Vielleicht haben Sie den Glauben daran längst aufgegeben, doch ich möchte Sie ermutigen, wieder neu auf Ihre Eltern zuzugehen.

Denken Sie doch einmal kurz über folgende Situation nach:

Sie stehen auf dem Friedhof. Vor Ihnen liegt das offene Grab, in das gerade der sterbliche Überrest Ihrer Mutter oder Ihres Vaters gelegt wurde. Sie realisieren, dass Sie niemals wieder die Stimme hören werden, die Ihnen vertrauter ist als Ihre eigene. Nie wieder werden Sie dieser Person, die Ihr Leben doch so geprägt hat, gegenübersitzen und in die Augen schauen. Sie werden niemals wieder ihr Lächeln sehen, nie mehr zusammen einen Spaziergang machen. Plötzlich und mit einer nie gekannten Klarheit werden Sie wissen, dass Sie dieser Person niemals mehr sagen können, wie lieb Sie sie haben und wie dankbar Sie für all das Gute sind, was sie für Sie getan hat. Sie werden niemals wieder Ihre Wertschätzung durch ein kleines Geschenk oder ein gemeinsames Abendessen ausdrücken können. Sie werden nie wieder mit dieser Person zu den Plätzen Ihrer Kindheit gehen können, die ja auch irgendwie Ihre eigenen Wurzeln sind.

Sie werden keine Gelegenheit mehr haben, Ihre Mutter oder Ihren Vater um Verzeihung zu bitten. Um Verzeihung für Ihre Undankbarkeit und Kaktusmentalität in der Pubertät, für Ihre Lügen oder Ihre Lieblosigkeit. Oder darüber, dass Sie sie abgelehnt haben. Vielleicht gerade für die Dinge, die Sie an sich selbst nicht mögen. Sie werden ihnen nie mehr sagen können, wie falsch es war, Ihre Eltern nach den eigenen Stärken zu messen und zu beurteilen.

Aber Sie werden auch nie wieder die Gelegenheit haben, sich mit Ihren Eltern auszusprechen. Sie werden ihnen nicht in die Augen schauen können, um ihnen zu sagen: „Ich vergebe Dir!" Vielleicht

denken Sie heute, dass Ihre Eltern Ihre Vergebung nicht verdienen. Doch bedenken Sie, an jenem Tag werden Sie ganz anders darüber denken. Es wird ein „zu spät" kommen.
Während Sie immer noch vor dem Grab stehen und all diese Dinge Ihnen durch den Kopf gehen, während Ihnen die Tränen über die Wangen laufen, hören Sie ein Geräusch. Ein Piepen, das immer lauter wird und schließlich ... wachen Sie auf.
Schweißgebadet wird Ihnen bewusst, dass es nur ein Traum war. Ein Albtraum.
Genau da stehen wir jetzt gemeinsam!
Es war zwar nur ein Traum, doch wir sind uns bewusst, dass es auch ein Blick in die Zukunft war.
Ich verspreche Ihnen, dieser Tag kommt. Und tut er es nicht, dann nur, weil Ihre Eltern an Ihrem Grab stehen werden.
Sie und ich, wir wissen nicht, ob unsere Eltern noch Jahrzehnte oder nur noch Tage zu leben haben. Jemand sagte einmal, dass die Ewigkeit nie vor uns liegt. Sie verläuft immer parallel zu unserem Leben. Niemand kennt den Zeitpunkt, an dem wir diese Grenze übertreten.
Als die Menschen am 11. September 2001 ihren Arbeitsplatz in den Zwillingstürmen in New York betraten, rechnete keiner damit, an diesem Tag sein Leben zu beenden. Jedes Jahr sterben alleine in Deutschland rund 10.000 Menschen im Straßenverkehr. Auf dem Weg zur Arbeit, zum Einkaufen oder zur **QT** mit einem Elternteil landen sie völlig überraschend in der Ewigkeit und beenden ihr irdisches Leben.
Das Heute ist uns geschenkt, für das Morgen haben wir keine Garantie. Also nutzen Sie die Gelegenheit. Sicher wollen Sie nicht zu der stetig wachsenden Gruppe verbitterter und verbiesteter Menschen gehören, deren Eltern starben, bevor Versöhnung und Vergebung geschehen ist. Doch dazu ist Eigeninitiative unumgänglich.

Zu erwarten, dass der andere den ersten Schritt macht, ist unrealistisch.
Viele der Grundsätze von **QT** mit Ihrem Partner und Ihren Kindern sind auch im Bezug zu Ihren Eltern eins zu eins umsetzbar. Doch gibt es auch Unterschiede, auf die ich jetzt im Einzelnen eingehen möchte.

Loslassen, aber pflegen

Ich erinnere mich noch gut an meine Abnabelungsphase. Als Kind der 80er wuchs ich mit Queen, Michael Jackson, Abba und dem ganzen Disco Pop meiner Zeit auf. In meiner Jugendzeit wusste ich bereits alles viel besser als meine Eltern. Davon war ich damals zumindest völlig überzeugt.
Als ich dann mit 23 heiratete, lebten wir noch knapp zwei Jahre im Haus meiner Eltern in einem ausgebauten Dachstudio mit eigenem Bad (das Bad teilten wir uns noch mit zwei Teenagern). Damals war es mir ganz wichtig, unser Dachzimmer abschließen zu können. Ein wichtiger Schritt der Abnabelung, insbesondere von meiner Mutter, begann. Als wir dann in ein Haus umzogen, das meinen Schwiegereltern gehört, merkten wir, dass wir auch hier das Schloss auswechseln sollten, da die Eltern meiner Frau anfangs nicht immer unsere Privatsphäre respektierten. Wir fühlten uns nicht wohl dabei und obwohl meine Schwiegereltern stets die besten Absichten hatten und uns bis heute ein großer Segen sind, zogen wir damals den Schlossaustausch durch und signalisierten, dass wir nun eine eigene Familie waren.
Die Eltern, und in der Regel einen bestimmten Elternteil, loszulassen, ist unumgänglich für eine gesunde Entwicklung. Die Tochter, die auch noch mit 30 jeden Tag Mutter anruft und ihr

Rapport gibt, wird ihrer Ehe ebenso schaden wie der Sohn, der nie wirklich die Schürze der Mutter losgelassen hat. Auch die Ausübung väterlicher Autorität über eine von den Kindern bereits gegründete Familie geht in der Regel schief. Eine Reihe von Hollywoodfilmen mit Robert de Niro und Ben Stiller hat das ja auf sehr humoristische Weise dargestellt.

Das Loslassen geschieht immer auf beiden Ebenen. Sowohl die Eltern wie auch die erwachsenen Kinder müssen die Veränderung in ihrer Beziehung akzeptieren und alte Verhaltensweisen hinterfragen. Lässt nur ein Teil los, gibt es oftmals nicht unerhebliche Konflikte, sowohl mit dem Elternteil wie auch mit dem eigenen Partner.

Hat diese Abnabelungsphase stattgefunden, besteht noch eine weitere Gefahr. Sie findet keinen guten Abschluss, sondern geht weit über das gesunde Maß der Abnabelung hinaus. Wird der gesunde Rückzug nicht zu einem bestimmten Zeitpunkt gestoppt, wird er schnell zu einem Auszug aus der Beziehung, und das wiederum wäre fatal und völlig kontraproduktiv.

Soziologen lassen uns immer wieder wissen, wie gesund die Großfamilie der letzten Jahrhunderte für die ganze Gesellschaft war. Wenn wir auch dieses Ideal in unserer Zeit nicht mehr zu 100 Prozent leben können, so bleiben uns doch immer noch sehr wichtige Grundsätze zur Umsetzung.

Tatsache ist doch, dass junge Menschen ihre Eltern brauchen, um sozialisiert und bestätigt aufzuwachsen. Dann kümmern sie sich um ihre Kinder und helfen später ihren alt gewordenen Eltern, bis schließlich ihre Kinder ihnen selbst beistehen, wenn sie alt geworden sind.

Das ist der natürliche Lauf der Zeit. Sich ihm zu entziehen bedeutet häufig, im Alter isoliert und auf die Hilfe fremder Menschen angewiesen zu sein.

Das Gesetz von Saat und Ernte

Der Jugendwahn unserer Zeit belügt und betrügt uns alle. Eine Generation von Egoisten löst die andere ab und alle wurden sie betrogen. Die Altenheime unserer Zeit erzählen hier eine traurige Geschichte nach der anderen.

Wenn ich in meinen zwei Jahrzehnten als Seelsorger eins gelernt habe, dann dass wir alle für alles, was wir tun und entscheiden, einen Preis bezahlen. Ich meine wirklich für alles. Nur weil die Rechnung nicht sofort gestellt wird, bedeutet das nicht, dass sie uns nicht eines Tages gestellt wird. Es ist ein Gesetz, dass ich „Das Gesetz von Saat und Ernte" nenne, worüber ich ausführlich in meinem Buch „Brillant leben" (ist bei Drucklegung von „QT" noch nicht erschienen) geschrieben habe.

So wie Sie heute Ihre Eltern behandeln, werden Ihre Kinder einmal mit Ihnen umgehen. Die Frage ist: Wollen Sie das wirklich?

Meine Kinder schauen genau hin, wie ich mit ihren Großeltern umgehe. Spreche ich in ihrer Abwesenheit abfällig von ihnen? Gebe ich den Kindern recht, dass Oma oder Opa komisch oder seltsam sind, nur weil sie aus einer anderen Generation mit einem anderen Lebensstil kommen? Verteidige ich ihre Autorität und stütze sie vor meinen Kindern? Achte und ehre ich die Großeltern, gerade wenn sie nicht dabei sind? Verbringe ich gerne Zeit mit ihrer Oma und ihrem Opa? Unterstütze ich ihre Großeltern, wo nötig (Einkaufen, Finanzen, Rat oder auch Pflege)?

All diese Dinge legen bereits heute genau fest, wie mein Nachwuchs einmal mit mir umgehen wird.

Ich pflege inzwischen seit über zehn Jahren jedes Jahr mehrere Male eine **QT** mit meiner Mutter und mit meinem Vater (jeweils getrennt). Konkret bedeutet das, ich vereinbare mit jedem meiner Eltern vier etwa fünfstündige Treffen. Dazu kommt alle fünf Jahre eine

Kurzreise (drei bis fünf Tage) an einen Ort, der meiner Mutter oder meinem Vater wichtig ist. So war ich mit meinem Vater schon in Barcelona, wo er als Kind die Sommerferien bei Verwandten verbrachte, und in Rom, oder mit meiner Mutter in den USA und in Hamburg. Mein Sohn Raphael, der das alles mit Interesse registrierte, kam als Achtjähriger zu mir und sagte bestimmt: „Wenn ich groß bin, werde ich auch mit Dir solche Reisen machen!" In diesem Augenblick wusste ich ganz sicher, dass ich das Richtige tat.

Ehren trotz der Fehler

Perfekte Eltern

Nein, die perfekten Eltern gibt es nicht. Aus heutiger Sicht können Sie sicher ohne Schwierigkeiten einige große Fehler in der Erziehung durch Ihre Eltern finden. Sie können höchstwahrscheinlich deren übelste Macken, größten Konfliktherde in der Ehe und ihre größten gesundheitlichen Herausforderungen benennen. Doch bedenken Sie bitte Folgendes: Auch wenn Sie das vielleicht heute anders sehen, ist es sehr, sehr wahrscheinlich, dass in einigen Jahren oder wenigen Jahrzehnten Ihr Nachwuchs genauso über Sie urteilen können wird. Der Grund: Jede Generation glaubt, es besser zu machen als die vorherige.

Erinnern Sie sich an die Szene aus dem Film „Der Club der toten Dichter", als Robin Wiliams mit seinen Studenten an den Klassenfotos von Jahrgängen dieser altehrwürdigen Universität vorbeiging, die bereits nicht mehr lebten? Der Lehrer wollte den Studenten eine wichtige Lektion über die Endlichkeit des Lebens erteilen. Während sie alle die alten Fotos längst vergangener Jahrgänge von Jungs in ihrem Alter betrachteten, sagte der Lehrer: „Sie sehen gar nicht so anders aus als Sie, oder? ... unbesiegbar, genauso wie Sie! Die Welt steht ihnen offen. Sie glaubten, sie seien für das Große vorherbestimmt. Ebenso wie viele von Ihnen. Aus ihren Augen spricht die Hoffnung, ebenso, wie aus Ihren. Haben sie gewartet, bis es zu spät war, um aus ihrem Leben nur ein Jota von dem wahr werden zu lassen, wozu sie fähig waren? Denn sehen Sie, Gentlemen: Diese Jungs dienen jetzt den Narzissen als Dünger. Aber wenn Sie ganz dicht herantreten, flüstern sie Ihnen ihr Vermächtnis zu: Carpe diem – Nutze den Tag!"

Er beschrieb die Dynamik, die Träume, Hoffnungen und das Leben in den Augen der dort abgebildeten jungen Männer. Sinngemäß sagte er seinen jungen Studenten: „Eines Tages wird jeder von euch tot sein. Bedenkt das und handelt dementsprechend. Nicht ängstlich, sondern die Gelegenheiten und Chancen nutzend, die sich euch heute bieten. Verschiebt keine wichtigen Entscheidungen und lernt bei allem, was Ihr tut, zu bedenken, dass euer Leben endlich ist. Nutzt den Tag!"

Vom Ende her denken

Mir haben diese Lektion und zahlreiche weitere dabei geholfen, mein Leben vom Ende her zu denken. Meinen Mentees stelle ich gerne die Frage:

„Stellen Sie sich vor, Sie feierten Ihren 85. Geburtstag. Was möchten Sie gerne von den wichtigsten Menschen in Ihrem Leben hören? Was sollen Ihr Ehepartner, Ihre Kinder, Ihre Eltern (die dann natürlich nicht mehr leben), Ihr Vorgesetzter, Ihr Pastor, Ihre besten Freunde, Ihre Geschwister usw. über Ihr Leben sagen? Was haben Sie getan? Wie waren Sie als Mensch? Wofür standen Sie? Wem haben Sie gedient? Welchen Charakter, welche Integrität haben Sie gezeigt? Welche Werte haben Sie gelebt? Welche Ziele haben Sie erreicht?"

Was wirklich zählt

Was würden Sie antworten? Ja, es braucht Mut, so weit nach vorne zu denken. Doch sind Sie einmal bis dahin vorgedrungen, fällt es Ihnen in Zukunft wesentlich leichter, vom Ende her zu denken. Sie beginnen zu erkennen, was am Ende wirklich noch zählt. Es wird nicht Ihr Titel, Ihr Auto oder anderer Besitz sein. Auch Macht, Geld und Sex werden am Ende bedeutungslos sein. Was zählen wird, sind Menschen. Menschen, die Sie lieben, so wie Sie sind. Menschen, die Sie aushalten, Ihre kleinen Schwächen und Fehler mittragen und Ihnen helfen, an den wirklich großen Klöpsen zu arbeiten.

Wenn Sie als 85-Jähriger zurück auf Ihr Leben schauen, wird jede Arroganz und jeder Stolz und Hochmut aus Ihnen weichen. Sie wissen, wie sich Älterwerden anfühlt und wie herausfordernd es sein kann. Sie schätzen die kleinen Dinge mehr. Die Dinge, an denen junge Menschen oft achtlos vorübergehen. Sie haben viel gesehen und einen großen Horizont dafür erhalten. Sie können Menschen und Dinge auch viel weiter links und rechts von Ihrem Zentrum erkennen und stehen lassen. Sie schauen mit großer Dankbarkeit und innerem Frieden zurück auf Ihr Leben.

Wenn Sie aus dieser Perspektive an Ihre Eltern denken werden, wird es eine völlig andere Sicht sein, die sich Ihnen erschließt. Sie werden die schönen Momente verinnerlicht haben. Sie werden aus Ihrer Position vieles verstehen und mit großzügiger Gnade über anderes hinwegsehen.

Sie haben in Ihrem Leben selbst viele Fehler gemacht und freuen sich über jeden, der Ihnen dennoch vergeben hat und Sie so annahm, wie Sie sind.

Genau das haben auch Sie gelernt und Sie haben längst erkannt, dass es keine perfekten Menschen gibt. Sie selbst haben sich als lebendiger Beweis für diese These erkannt.

Eine wichtige Lektion

Als ich in unserer Armee vor einem Vierteljahrhundert zum Unteroffizier ausgebildet wurde, lehrte man uns eine große Lektion. Unser Lehrer sagte, wir sollen bei allen Soldaten, die wir künftig führen würden, den folgenden Grundsatz beherzigen: „Gehen Sie immer davon aus, dass der Soldat das Richtige tun will oder wollte, ganz gleich, was daraus entstanden ist!" Das war einer jener Sätze, der nachhaltig mein Leben verändert hat.
Ich erinnere mich gut, als mein erstes Kind, meine Tochter Grace, geboren wurde. Mehr als einmal saß ich abends an ihrem Bettchen und betrachtete dieses wundervolle Geschöpf und versprach ihr, alles für sie zu tun, damit sie sicher und geschützt sein würde, und immer für sie da zu sein. Glauben Sie mir, das habe ich so ernst gemeint, wie ein Mensch es nur meinen kann. Doch kann ich heute sagen, dass ich im Bezug auf sie immer alles richtig gemacht habe, sie nie verletzte und immer verstand?
Nein, ganz sicher nicht. Doch hat sich trotz meiner Fehler und meines Versagens eines nie geändert: Ich will von ganzem Herzen das Richtige tun und ihr der beste Vater sein, den es gibt.
Können Sie sich vorstellen, dass Ihr Vater und Ihre Mutter genauso empfinden bzw. empfunden haben?
„Ja, aber ..." mögen Sie jetzt antworten wollen.
Und, ja, da gibt es so manches „aber", das mehr als gerechtfertigt ist:

... aber sie hat mich als Kind in ein Waisenhaus gegeben.
... aber er hat mich als Kind halb totgeschlagen.
... aber meine Eltern trennten sich und ich fühle diese Vaterwunde immer noch.
... aber es hat emotionalen Missbrauch durch meine Eltern gegeben.
... aber es fand sogar sexueller Missbrauch statt.

Das sind einige der Dinge, die weit über das „normale" Versagen von durchschnittlichen Eltern hinausgehen. Mit diesen Dingen umzugehen ist noch einmal eine ganz andere Hausnummer.

Die andere Seite

Stellen Sie sich vor, ich würde Sie und zum Beispiel Ihren Vater sich einander gegenüberstellen lassen. Dann hielte ich eine 2-Euro-Münze zwischen sie. Ich hielte sie so, dass jeder von Ihnen eine Seite der Münze sehen kann. Dann frage ich Sie, was Sie sehen. Während Sie mir dann perfekt die große „2" mit dem Schriftzug „Euro", die Konturen von Europa im Hintergrund und die jeweils sechs Sterne oben und sechs Sterne unten am Rand der Münze beschreiben, spricht Ihr Vater, der Ihnen gegenüber steht, von etwas ganz anderem. Er beschreibt lediglich den großen Adler und das Prägejahr der Münze zu dessen Füßen. Er erwähnt zwar auch die Sterne, allerdings bilden sie einen Kreis um den Adler.

Sehen nun beide die gleiche Münze oder nicht? Natürlich tun sie das. Und Ihnen ist längst klar geworden, dass beide lediglich einen unterschiedlichen Blickwinkel haben und somit jeder nur eine Seite derselben Münze beschreibt. Konrad Adenauer meinte dazu einmal: „Wir leben alle unter demselben Himmel, aber wir haben nicht alle den gleichen Horizont!"

Wir müssen sicherlich entweder selbst sehr alt werden, um diesen Satz zu verstehen, oder wir müssen lernen, vom Ende her zu denken. Letzteres erspart viele Fehler und Schmerzen für uns und für die, die wir lieben.

Manchen hilft es, sich die andere Seite einmal anzuschauen. Die Seite hinter dem Täter. Ich möchte damit nicht die Taten entschuldigen. Letztlich ist jeder Herr seiner Entscheidungen und dafür auch voll verantwortlich. Und doch sind die Startpositionen oft so ungleich verteilt, dass ein echter Vergleich oder ein gerechtes

Urteil sehr schwierig ist. Denken Sie an Mr. Jukes und Mr. Edwards. In einer **QT** mit Ihrem Vater oder Ihrer Mutter lohnt es sich immer, tiefer in der Familiengeschichte zu graben.

Fragen Sie:
- Wie war Deine Kindheit?
- Wie war die Erziehung durch Deine Eltern?
- Was hast Du dort am meisten geschätzt und was am meisten vermisst?
- Was waren Deine Lieblingsspiele?
- Was wolltest Du werden, wenn Du groß bist?
- Wie sind Deine Eltern groß geworden und wie waren deren Eltern?

Ich bin sicher, Sie werden manches Aha-Erlebnis haben. Vieles wird Ihnen klar, einige „Macken" Ihrer Mutter/Ihres Vaters werden plötzlich verständlich.
Sie werden jedoch auch Dinge finden, mit denen Sie heute selbst zu kämpfen haben, und können erahnen, wie es Ihren Vorfahren an dieser Stelle erging.

Unser Erbe von Vaterschaft
Mir hat es sehr geholfen zu erkennen, dass es in unserem Land die letzten 150 Jahre oder auch schon viel länger kaum Vorbilder für echte Vaterschaft gab.
Grob gesagt folgte dem strengen, disziplinierten und uniformierten Preußen recht schnell der Erste Weltkrieg. Viele Väter dieser Zeit fielen entweder auf den Schlachtfeldern Europas oder kehrten traumatisiert von all dem erlebten und gesehenen Elend zurück nach Hause. Diese Männer hatten oft ihr ganzes Leben damit zu tun, den Albtraum Krieg zu verkraften. Herzlichkeit und tiefe

emotionale Begegnungen mit den eigenen Kindern waren oft schlicht und ergreifend unmöglich. Die kurze Verschnaufpause der Weimarer Republik führte zu dem kometenhaften Aufstieg der NSDAP. Deutschland fand schnell zu dem einzigen bekannten und anerzogenen Lebensstil, dem des Soldatenstaates, zurück. Dieses Mal unter noch üblerer Führung als der eines unfähigen Kaisers. Ein weiteres Mal innerhalb von nur drei Jahrzehnten verblutete eine Vatergeneration auf den Schlachtfeldern bzw. kehrte oft nach langer und entsetzlicher Kriegsgefangenschaft kaputt nach Hause zurück. Nach der „rechten" Führung griffen dann in den 68ern die Linken in die Räder der Macht und des Einflusses. Antiautoritäre Erziehung wurde propagiert und verunsicherte eine ganze Elterngeneration. Das Ergebnis von freier Liebe und „Mach' was Du willst"-Mentalität war die weitgehende Zerstörung der Familie. Fast die Hälfte aller Ehen endet heute mit Scheidung. Bei den Zweit- und Drittehen steigt die Scheidungsquote noch deutlich weiter an.

Ehre wem Ehre gebührt

Ich denke an den Vater, der seiner Tochter über 30 Jahre lang nicht sagen konnte, dass er sie liebt. Er wuchs als Kind von hart arbeitenden Landwirten auf. Sein Vater kam verkrüppelt aus dem Krieg zurück, und er und seine beiden Brüder mussten die Arbeit auf dem Hof erledigen, damit die Familie überleben konnte. Seine Mutter machte oft seine Hausaufgaben, damit er die Felder bestellen konnte. So war er sein Leben lang ein sehr fähiger, aber, da ohne Berufsausbildung, schlecht bezahlter Hilfsarbeiter. Er, der mit der richtigen Ausbildung einer der besten Architekten Deutschlands hätte werden können.

Stattdessen baute er mit eigenen Händen ein Haus und verdiente in jeder freien Minute als Nebenerwerbslandwirt Geld hinzu, mit dem er seinen Kindern eine gute Ausbildung ermöglichte und sie in vielerlei Hinsicht finanziell unterstützt. Verdient dieser oft wortkarge und grob wirkende Mann nicht die Ehre seiner Kinder?

Die Eltern nicht ehren kann teuer sein

Als Christ ist die Bibel mein Handbuch für das Leben, mein Lebenskonzept. Die zehn Gebote sind ein großartiger Leitfaden, um erfolgreich durch dieses Leben zu gehen. Das erste Gebot, das direkt mit einem Versprechen Gottes verbunden ist, ist dieses: „Du sollst Vater und Mutter ehren, damit Du lange lebst auf Erden!"
Nachdem ich viele Jahre den Umgang mit der Ehre, die Menschen einander schenken, studiert und beobachtet habe, bin ich davon überzeugt, dass es sich hierbei um ein übernatürliches Prinzip handelt, das universell Gültigkeit hat.
Mein Fazit lautet:
„Wer andere ehrt, wird schließlich auch selbst geehrt werden, auch wenn es manchmal eine Weile dauert." Doch habe ich das Prinzip der Ehre nie klarer, häufiger und wirkungsvoller zutreffen sehen als im Umgang von Menschen mit ihren Eltern.
Vor einigen Jahren besuchte ein Mann immer wieder mal unsere Gottesdienste. Er war aus der untersten sozialen Schicht und war sofort durch den großen Cowboyhut zu erkennen, den er auf seinem kleinen Kopf trug. Sein Körper war ausgezehrt vom vielen Alkohol und Nikotin. Der kleine Mann, der nur noch aus Haut und Knochen zu bestehen schien, war sehr krank. Ein Krebs der bösartigsten Sorte fraß ihn buchstäblich von innen her auf. Eines Tages, während eines Gottesdienstes, kam seine Frau herein und bat mich, so schnell wie möglich zu ihm zu kommen. Bei ihm angekommen sah ich, dass er im Sterben lag. Nie zuvor habe ich einen Menschen so „zerfressen" gesehen. Der Krebs hatte seine Lungen und seinen Kehlkopf zersetzt. Selbst seine Kieferhöhle

war vom Krebs zerstört und sein ganzes Gesicht dadurch eingefallen.
Er machte noch auf seinem Sterbebett seinen Frieden mit Gott, ehe er ihm in die Ewigkeit folgte.
Später erfuhr ich von seinem Leben als junger Mann. Er und sein Bruder hatten bereits als Teenager begonnen, ihre Eltern zu schlagen und zu misshandeln. Das ganze Dorf wusste davon, doch niemand wagte es, dagegen einzuschreiten.
So wie ich viele Positivbeispiele sehen durfte, wie Menschen ein sehr langes Leben in Gesundheit führten und führen, die ihre Eltern ehren und respektvoll behandeln, so ist mir dieses Beispiel ebenso vor Augen. Es bildet den Umkehrschluss des Versprechens, das Gott denen gab, die ihre Eltern ehren und achten. Ich bin sicher, auch jener besagte Mann hätte mir „Gründe" nennen können, warum er und sein Bruder ihre Eltern nicht achteten. Doch spielt das wirklich eine Rolle? Entscheiden Sie selbst.

Vergebung ist die Basis

Ich habe einen Bekannten, der heißt Jimmy und lebt in Schottland. Als Kind wurde er mehrere Jahre von einem nahen Verwandten sexuell missbraucht. Seine Eltern und seine elf Geschwister schauten darüber hinweg beziehungsweise ignorierten es. Wer hätte mehr Grund als Jimmy, seine Eltern dafür zu hassen? Sie haben zugelassen, dass man ihm seine Kindheit gestohlen und viele unglaubliche innere Wunden zugefügt hat. Statt dass sie ihren Schutzauftrag wahrnahmen, machten sie die Augen zu und ließen das Unvorstellbare geschehen.
Als junger Mann begann er, Christus nachzufolgen, und entschied sich, dem Übeltäter und der ganzen Familie zu vergeben.

Er entschied sich dafür, seine Eltern zu ehren, auch wenn sie es rein menschlich betrachtet nicht verdienten. Das Ergebnis ist: Der heute knapp 60-Jährige ist seit über drei Jahrzehnten glücklich verheiratet und Pastor einer blühenden christlichen Gemeinde. Er dient international als geistlicher Vater für viele, und seine drei Kinder sind inzwischen alle im vollzeitlichen geistlichen Dienst.

„Nicht zu vergeben ist, wie wenn ich Gift trinke und hoffe, es würde den anderen töten."

Vielleicht haben sich Ihre Eltern getrennt, als Sie noch ein Kind waren. Vielleicht war Ihr Vater ein „abwesender Vater", der entweder wirklich nicht mehr da war oder trotz seiner Anwesenheit in der Familie seine Rolle als Vater nicht wahrnahm. Vielleicht hat ein falsches Wort zur falschen Zeit Ihr Leben auf eine falsche Bahn gebracht und viel Leid nach sich gezogen. Ich denke an das Mädchen, das einmal zu oft hörte, es sei zu dick, und daraufhin in der Magersucht landete.

Auch wenn es oft unbewusst geschieht und der direkte Zusammenhang uns verborgen bleibt, haben nahezu alle unguten Verhaltensweisen ihren Ursprung in der „Unvergebenheit". Die einen ritzen sich (Borderline-Syndrom), andere beginnen, ungesund mit Alkohol oder Sex umzugehen, oder landen bei Drogen. Wieder andere werden einfach nur bitter und entscheiden sich, niemandem mehr zu vertrauen. Menschen, die alles kontrollieren müssen, in Depressionen fallen oder von einer Krankheit nach der anderen befallen werden, sollten mal genau auf ihr Vergebungskonto schauen. Möglicherweise steht es tief in den roten Zahlen.

Nicht zu vergeben führt immer zu einem Verlust der Lebensbalance. Innerer Friede, Ausgeglichenheit, Freude und Dankbarkeit bleiben auf der Strecke. Bitterkeit und eine negative Grundhaltung verfestigen sich.

Vergeben, aber wie?

So wie Liebe (Siehe Kapitel 1) ist auch Vergebung eine Entscheidung, der Gefühle folgen. Kaum jemand fühlt sich je danach, jemandem zu vergeben, der ihm übel mitgespielt hat. Also lässt man es. Unbewusst wurde so die Entscheidung für innere Zerstörung getroffen, die bei dem einen schneller und bei dem anderen langsamer voranschreitet – es jedoch in jedem Fall unaufhaltsam tut. Es sei denn, man vergibt. Vergeben bedeutet loszulassen. Es meint, auf das Recht auf Rache und Genugtuung zu verzichten. Vergebung kommt aus einem gereiften Charakter, der verstanden hat, dass ihm oder ihr selbst vergeben wurde. Wir alle haben oft versagt in unserem Leben. Wo wären wir, wenn man uns alle unsere Schuld bis heute nachtragen würde? Uns würde sicher ein Sattelschlepper voll Schuld folgen, oder mehrere ...

Die Schuld eines Menschen loszulassen geschieht auf einem von zwei Wegen:

1. Als Christ geben Sie die an Ihnen begangene Schuld an Gott ab und entscheiden sich, nicht länger daran zu denken.
2. Als Nicht-Christ lassen Sie die Schuld los und entscheiden sich, diese Schuld zu vergessen.

Entscheiden Sie sich in jedem Fall für einen Lebensstil der Vergebung und verzichten Sie auf das Recht, Minuspunkte von anderen zu sammeln oder Rache zu nehmen.

Ich will ehrlich sein: Es kann gut sein, dass Sie diese Entscheidung für besonders heftige Dinge ein paar Dutzend Mal wiederholen müssen, ehe die Gefühle folgen und sich das Ganze dann auch „gut und richtig anfühlt“. Doch bleiben Sie dran. Ich verspreche Ihnen, die Gefühle folgen schließlich, und ab dem Moment ist die Vergebung nicht länger schwer. Frieden, Harmonie, Ausgeglichenheit, Freude und Dankbarkeit kehren in Ihr Leben zurück und Sie werden auch für Ihre Umgebung wieder „genießbarer". Das Wunder der Vergebung zeigt dann seine größte Frucht, wenn Sie mit den Menschen, die an Ihnen schuldig geworden sind, schließlich so umgehen können, als hätte es diese Schuld nie gegeben. Dann wissen Sie, dass Sie wirklich vergeben haben. Auf das Recht auf Rache zu verzichten bedeutet, das Recht auf Leben in Anspruch zu nehmen!

Begegnung auf Augenhöhe

Sind erst einmal durch Vergebung von Ihrer Seite die Hindernisse beseitigt, ist oft eine Begegnung mit Ihrer Mutter und Ihrem Vater auf einer ganz neuen Ebene möglich.

Bedenken Sie, dass Sie möglicherweise nie zuvor Ihrem Vater als Mann oder Ihrer Mutter als Frau auf Augenhöhe begegnet sind.

Verstehen Sie auch, dass es sich am Anfang für Ihre Eltern sehr ungewohnt und fremd anfühlen kann, sich mit Ihnen zu treffen wie mit einem Freund.

Ich habe einmal mit einem brillanten Gärtner zusammengearbeitet. Während meiner Lehrzeit war der damals schon rund 50-Jährige bereits seit seiner Lehre vor mehr als drei Jahrzehnten in diesem Betrieb angestellt. Doch nun, so viel Zeit später, wurde er in mancher Weise immer noch wie ein Lehrling behandelt. Als dann ein junger Geselle von auswärts angestellt wurde, übertrug man ihm die Leitung der Gärtnerei. Obwohl der Altgeselle dreimal so lange im Beruf war, gute Leistungen brachte und die Gärtnerei wie seine Westentasche kannte, traute man doch einem Externen den Leitungsjob viel eher zu. Was war der Grund: Der alte Meister und Besitzer der Gärtnerei hatte nie die Veränderung realisiert, die sein ehemaliger Stift in den letzten Jahrzehnten durchlebt hatte.

Diesen Fehler begehen auch viele Eltern, wenn Ihre Kinder erwachsen geworden sind. Aber auch die Kinder machen diesen Fehler sehr häufig. Sie versäumen es nämlich, mehr als nur den Vater und die Mutter zu sehen. Sie übersehen, dass hinter diesen Rollen ein echter Mann und eine echte Frau stehen. Menschen mit Träumen, Hoffnungen und Fähigkeiten. Mit Hobbys, Erfahrungen und Erinnerungen. Oftmals wurden viele dieser Dinge den Kindern zuliebe geopfert oder für viele Jahre zur Seite gelegt. Doch sie sind immer noch da und es lohnt sich, all das zu entdecken.

Menschen, die sich auf diese ganz neue Ebene im Umgang mit den eigenen Eltern einlassen, entdecken häufig viel Neues über sie. Ganze Welten scheinen sich aufzutun und man fragt sich, wie man das all die Jahre nicht wahrnehmen konnte.

Als ich die ersten **QT**s mit meinem Dad hatte, fühlte sich das auch für mich seltsam an. Der Mann, der für mich immer nur mein Papa war, wurde auf einmal auch ein Gegenüber. Die Blickrichtung des Kindes, das von unten nach oben schaut, um Vater zu sehen, oder die des überheblichen Jugendlichen, der von oben herab auf seinen Vater schaute, veränderte sich in ein „gerade in die Augen blicken". Plötzlich befanden wir uns auf Augenhöhe. Ich lernte einen Mann kennen, der wie ich Vater ist, der sich für zahlreiche Dinge interessiert, der ähnliche Interessen hat wie ich, der Träume hat und noch größere hatte. Ein Mann mit seltsamen Angewohnheiten, die ich nach näherem Hinschauen auch in meinem Leben entdeckte. Plötzlich verstehe ich, woher die eine oder andere schräge Einstellung oder Gewohnheit kommt. Tatsächlich fand und finde ich immer mehr mich in ihm. Ihn zu kennen hilft mir, einen Teil meiner eigenen Zukunft anzuschauen. Oft bin ich tief bewegt von diesen Zeiten nach Hause gefahren. Ich hatte unglaublich viel gelernt. Dinge, die mir kein anderer Mensch auf der Welt hätte beibringen können. Mit jedem Treffen wuchs meine

Dankbarkeit für dieses Vorrecht, den Mann, der mein Vater ist, näher kennenzulernen.
Erst kürzlich bei einem Treffen mit ihm hatte ich wieder eines dieser „Aha-Erlebnisse“. Als kleiner Junge beobachtete ich immer wieder, wie mein Vater morgens, ehe er das Haus verließ, seinen Kaffee auf ganz besondere Weise trank. Er schüttete den Kaffee in seine Untertasse und schlürfte ihn daraus. Morgen für Morgen. Kürzlich saßen wir zusammen bei ihm zu Hause und er tat genau das. Ich hatte es Jahrzehnte nicht mehr beobachtet, aber sogleich waren das innere Bild und alle die hiermit verbundenen vertrauten Gefühle wieder präsent. Zum ersten Mal in meinem Leben stellte ich ihm die Frage, warum er das eigentlich so tut. Seine Antwort verblüffte mich: „Ganz einfach. Wenn ich es eilig habe – so wie jetzt – schütte ich den Kaffee in die Untertasse, wo er schneller abkühlt. Ich habe sehr empfindliche Lippen und kann Kaffee nicht so heiß trinken wie viele andere ...“
Eigentlich ist das eine völlig logische Erklärung, auf die ich leicht hätte selbst kommen können. Doch ich schaute ja in dieser Sache – bis zu diesem Moment – immer mit den Augen des Kindes, von unten nach oben und das eben auch nur durch die unbewussten Erinnerungen aus meiner Kindheit.
Nun hörte ich meinem Vater, dem Mann, auch als Mann zu und alles war klar. Zu dieser Aufklärung eines fast vierzigjährigen Rätsels gesellte sich aber durch die Antwort meines Vaters eine neue Erkenntnis. Meine Frau trinkt sehr gerne Kaffee in jedweder Form. Sie trinkt ihn sehr heiß. Ich hingegen muss immer etwas länger warten, bis ich es hinbekomme, ihn zu trinken, da meine Lippen sehr hitzeempfindlich sind. Bis zu diesem Moment mit meinem Vater hatte ich keine Ahnung, dass ich es von ihm geerbt hatte. Ja, ich kannte nicht einmal jemanden, der mein Problem teilte. Nun verstand ich, dass selbst das uns verbindet.

Nein, diese Erkenntnis wird nicht die Welt retten und mich auch nicht reich machen. Doch sie verbindet mich mit meinem Dad und mit meiner Geschichte.

Wenn ich hier schwerpunktmäßig auf meinen Vater eingehe, dann nur deshalb, weil es vielen Menschen so geht wie mir. Mit meiner Mutter hatte ich immer ein gutes Verhältnis. Wir konnten immer gut und lange miteinander reden. Die meisten Frauen sind hier einfach leichter zugänglich als Männer. Natürlich habe ich auch meine Mutter ganz neu als sehr vielseitige und vielschichtige Frau und Persönlichkeit kennengelernt, doch gab es weitaus weniger Aha-Erlebnisse als bei meinem Vater.

Was kann ich mit meinen Eltern unternehmen?

Ein guter Anfang für **QTs** mit einem Elternteil wäre ein erstes Treffen, zum Beispiel in einem netten Café.

Bereiten Sie sich mit ein paar hilfreichen Fragen auf dieses Treffen vor, mit deren Hilfe Sie wichtige Informationen erhalten wollen. Informationen, die Ihnen helfen, Ziele und Richtung der nächsten Treffen festzulegen.

Solche Fragen könnten sein:

- Was machst Du besonders gerne?
- Welche Orte besuchst Du gerne?
- Was sind Deine Lieblingsrestaurants/Cafés?
- Gehst Du gerne ins Kino?
- Welche Orte würdest Du mir gerne einmal zeigen?
- Wo könntest Du Dir vorstellen, mit mir zusammen für drei oder vier Tage alleine hinzufahren?
- Wie viele Treffen jährlich alleine mit mir würden Dir gefallen?

Von den Antworten hängt dann ab, was Sie mit Ihrem Vater oder Ihrer Mutter machen könnten.

Hier ein paar Tipps:
Lassen Sie sich auf eine Reise in die Vergangenheit Ihres Vaters oder Ihrer Mutter ein.
Es wird oft auch ein Ausflug zu Ihren eigenen Wurzeln werden, der Sie so manches verstehen lässt. Besuchen Sie deren alte Schule oder die Universität. Lassen Sie sich den Ort zeigen, wo er/sie aufgewachsen ist, die Plätze, an denen er/sie am liebsten gespielt haben. Wenn sie dort sind, lehnen Sie sich innerlich zurück und lassen Sie sich erzählen. Sie werden sehen, dass der Redefluss selbst wortkarger Personen auf einmal deutlich zunimmt. Genießen Sie all die Geschichten und beschriebenen Ereignisse, die Ihrem Vater/ Ihrer Mutter plötzlich wieder einfallen. Nehmen Sie Zeit mit, wenn Sie an solche Orte fahren, und hören Sie gut hin. Sie werden so manchen Schatz mit nach Hause nehmen. Schätze, die Sie eines Tages an Ihre Kinder weitergeben werden.
Wenn Sie früher zu D-Mark-Zeiten einen 1.000 DM-Schein in der Hand hatten, konnten Sie auf dessen Rückseite den Limburger Dom sehen. Limburg ist die Heimatstadt meiner Familie. Mein Vater und auch ich wurden hier geboren und ich darf in dieser Stadt Pastor sein. Als ich mit meinem Vater einmal während einer unserer QT durch unsere wunderschöne Altstadt zum Dom hinaufging, blieb Vater plötzlich stehen. Er zeigte zu einem der riesigen Türme, auf dessen Spitze ein goldener Wetterhahn saß, und sagte: „Auf dem Hahn habe ich auch schon gesessen!“ Ich dachte, mein Papa macht einen Scherz, doch dann erzählte er mir, wie in seiner Kindheit dieser Hahn zur Restaurierung abgenommen und ein paar Tage vor dem Dom gelagert wurde. Mein Vater und seine Freunde kletterten in dieser Zeit auf den wohl gut zwei Meter

hohen Gockel und hatten ihren Spaß. Sie können sich vorstellen, mit welchen Gefühlen ich jetzt den Wetterhahn anschaue, der mir bis dahin recht gleichgültig gewesen war. Eine weitere Geschichte, die ich ohne **QT**s mit meinem Dad nie erfahren hätte.

Tun Sie Dinge mit Ihrem Vater, die Männer zusammen tun.
Sie erinnern sich, Sie gehen nicht in erster Linie mit Ihrem Vater weg, sondern mit einem Mann auf Augenhöhe, der auch Ihr Vater ist. Sie können zusammen ein Fußballspiel besuchen, eine Wander- oder Radtour machen oder in einem Baumarkt shoppen gehen.

Essen Sie zusammen – zu jeder Zeit!
Wann immer Sie zeitlich zueinander finden, planen Sie - wenn möglich - immer eine gemeinsame Mahlzeit ein. Vater und ich, wir gehen gerne zusammen frühstücken. Mal in einem gepflegten Café, mal im Restaurant des Möbelhauses oder in der Kantine eines großen Kaufhauses. Mal mit Frühstücksbuffet, mal à la carte. Abwechslung ist Pflicht. Meine Mutter geht mit mir gerne Chinesisch essen oder ins Eiscafé.

Gemeinsames Shopping
Meine Eltern hatten nie einen Führerschein und so nutzt besonders meine Mutter gerne unsere **QT**s, um nebenher gewisse Dinge einzukaufen. Sie genießt es, mit mir auch mal in Möbelhäuser oder Elektrofachmärkte auf der grünen Wiese zu fahren, wo sie mit öffentlichen Verkehrsmitteln nicht hinkommt.

Besichtigungen
Mein Vater ist an Historie und Geschichte sehr interessiert. Die Besichtigung einer Burg oder eines Denkmals sind immer wieder mal Bestandteil unserer **QT**s.

Kino

Vielleicht denken Sie jetzt: „Meine Eltern gehen nicht ins Kino. Ich erinnere mich nicht daran, dass sie jemals dort hingegangen sind.“ Das ist sicher Ihre Beobachtung aus der kindlichen Perspektive. Doch nun, auf Augenhöhe, fragen Sie doch einfach einmal. Wahrscheinlich waren Ihre Eltern in ihrer Jugend sehr häufig im Kino und haben damit aufgehört, als der Fernseher Farbe bekam und sie durch Ihre Geburt die Aktivitäten ihrer unbekümmerten Jugendzeit beendeten.

Meine Eltern gehen sehr gerne mit mir ins Kino und wir haben eine Menge Spaß. Natürlich gehen wir hinterher noch irgendwo hin, wo wir uns unterhalten können. Nur Kino wäre uns doch etwas wenig.

Musicals

Warum nicht gemeinsam Kultur erleben? Mit meiner Mutter war ich während einer mehrtägigen **QT** in Hamburg in dem Musical „Der König der Löwen“. War eine wirklich schöne Erfahrung.

Spiele spielen

Wann haben Sie das letzte Mal mit Ihrer Mutter gespielt? Fragen Sie sie doch einmal, was sie gerne mit Ihnen spielen würde, und lassen Sie sich drauf ein.

Wenn Sie noch nie Mario Cart mit Ihrem Dad gefahren sind, garantiere ich Ihnen eine bemerkenswerte Erfahrung. Selbst das gute alte „Mensch ärgere Dich nicht“ kann neu entdeckt werden. Warum auch nicht einmal ein ganz neues Spiel oder eines über Ihr iPad, wenn Sie gemeinsam unterwegs sind oder in einem Café sitzen. Bedenken Sie: Mit Menschen, mit denen man zusammen spielen kann, kann man auch ernste Themen des Lebens gemeinsam in Angriff nehmen.

Spaziergänge

Während ich mit Mutter meistens shoppe oder irgendwo gemütlich sitze, wenn wir **QT** haben, bin ich mit meinem Vater fast immer auf den Beinen. Er zeigt mir immer wieder neue Stellen unserer geliebten Stadt und erzählt mir neue „alte Geschichten" aus seiner Kindheit und Jugend.

Manchmal besuchen wir auch zusammen das Grab seiner Eltern und verbringen Zeit auf dem Friedhof. Das ist auch ein guter Ort zum Nachdenken und für Gespräche mit Tiefgang.

Mit meiner Mutter landete ich in solch einer Zeit sogar einmal in einem Kloster. Sie erzählte mir dann, dass sie als junges Mädchen immer davon träumte, Nonne zu werden, um nach Afrika in die Mission zu gehen. Sie berichtete von einer Nonne aus diesem Kloster, die sie dann endgültig davon abgebracht hatte, weil sie ihr verriet, dass, sobald die Oberin von dem Missionswunsch erfahren würde, sie genau an diesen Ort niemals ausgesandt worden wäre.

Als ich dann mit Mutter durch den wunderschönen Klostergarten ging, empfand ich sehr große Dankbarkeit dieser Nonne gegenüber, ohne deren aufklärendes Wort es mich und meine Schwester nie gegeben hätte.

Verreisen Sie zusammen

Wann haben Sie das letzte Mal eine Reise mit Mutter und Vater gemacht? Als Kind? Noch nie?

Dann wird es aber Zeit. Mit dem 60. Geburtstag meiner Eltern habe ich begonnen, mit jedem einzeln zu verreisen, wenn wieder fünf Jahre vergangen sind.

Meine erste Reise mit Vater führte mich in den Urlaubsort seiner Kindheit, nach Barcelona. Wir begaben uns auf eine Spurensuche in seine Vergangenheit, die mir wieder eine ganz neue Seite von meinem alten Herrn zeigte. Als er 65 wurde, verbrachten wir vier

wundervolle Tage in Rom, wo wir uns nahezu alles ansahen, was historisch von Interesse war, und so manches tiefgehende Gespräch führten. Zu seinem 70. ging es nach Ostdeutschland, wo Vaters Mutter herstammte.
Mit Mutter war ich das erste Mal in Hamburg, wo sie gerne ein Musical mit mir anschauen wollte. Das zweite Mal wurde eine längere Reise daraus. Wir verbrachten eine Woche auf einer christlichen Konferenz in den USA.

Was können Sie Ihren Eltern Wertvolleres schenken als Ihre Zeit? Ich lege Monat für Monat einen kleinen Betrag zur Seite, sodass unsere Fünfjahresreisen nicht am Geld scheitern. Den Eltern dann zum Geburtstag einen Zuschuss zur Reise zu geben oder sie auch mal ganz zu übernehmen ist sicher eine gute und hilfreiche Idee. Warten Sie nicht zu lange. Fünf Jahre sind schnell vorbei.

Vor allem: Reden Sie und hören Sie zu!

Das Zuhören ist das echte Geheimnis der **QT**s. Pflegen Sie es und lernen Sie es. Mit großen Ohren und einem kleinen Mund erhalten Sie unschätzbare Informationen von Ihren Eltern.
Ein altes indisches Sprichwort sagt:
„Wenn ein alter Mensch stirbt, ist es, wie wenn eine Bibliothek abbrennt."
Die Bibliothek, die Ihre Eltern darstellen, wird eines Tages unweigerlich abbrennen. Was Sie bis dahin nicht in Ihrer Bibliothek untergebracht haben, wird unwiederbringlich verloren sein. Sie sind der oder die, die diese Schätze an die nächste Generation weitergeben.
Als ich anfing, meine Mutter auf Augenhöhe zu sehen, fragte ich sie auch nach ihren Träumen. Das führte zu einer für mich bis

dahin unvorstellbaren Geschichte. Mutter erzählte mir, dass sie als junges Mädchen sehr gut singen konnte. Nachdem der Wunsch, Nonne zu werden, gescheitert war, hatte sie noch zwei große Träume für ihr Leben. Sie wollte eine erfolgreiche Sängerin werden und eine große Familie haben.

Es gab auch schon zu ihrer Zeit Vorstufen von „Deutschland sucht den Superstar". Sie bewarb sich in solch einem Talentwettbewerb und gewann auf Stadtebene, dann auf Kreisebene. Auch die nächste Stufe nahm sie mit Erfolg. Schließlich erreichte sie mit ein paar weiteren jungen Künstlern die Bundesebene des Wettbewerbs. Unter den Top 3, die auf die letzte Ebene durften, waren neben einem mir nicht bekannten Künstler nur noch meine Mutter und Costa Cordalis. Die Manager der Show brieften nun meine Mutter. Sie machten ihr klar, dass ihre Entscheidung, auf dieser letzten Ebene der Show mitzuspielen, ein paar wichtige Konsequenzen haben würde. Sie würde einen Plattenvertrag erhalten und sich verpflichten, für längere Zeit mit einer Auswahl anderer Künstler eine Tournee durchs ganze Land mitzumachen. Man sagte ihr damals sehr deutlich, dass man keinen Zweifel hege, dass sie auch diesen Schlussentscheid für sich entscheiden könne. Als mir meine Mutter dann sagte, dass sie daraufhin ihre Teilnahme zurückgezogen habe, hatte ich Tränen in den Augen. Sie sagte, dass sie, obwohl sie damals noch sehr jung war, instinktiv wusste, wenn sie den Weg als Künstlerin weitergehen würde, die junge Ehe mit meinem Vater dem ganzen Druck nicht standhalten würde und sie den Traum von Familie und eigenen Kindern vergessen könnte. So entschied sie sich für Familie und Kinder und dadurch natürlich auch für mich, ihren damals noch ungeborenen Sohn.

Costa Cordalis machte die Karriere, die meine Mutter hätte haben können. Können Sie sich meine Gefühle in diesem Moment vorstellen? Meine Mutter ist nie reich und berühmt geworden und hat, wie auch mein Vater, für ihr Geld immer hart gearbeitet. Doch hat sie neben zwei eigenen Kindern 13 Pflegekindern ein Zuhause gegeben. Einer ihrer beiden Träume wurde Wirklichkeit. Was träumten Ihre Eltern? Was träumen sie heute? Was träumen Sie?

Folgende Geschichte las ich in dem Buch „Vater und Mutter ehren?" von Ute Horn:
Auf einem alten Bauernhof lebte der fünfjährige Mischa zusammen mit seinen Eltern und dem Großvater. Der Großvater konnte seine Hände nicht mehr still halten und so kam es vor, dass er seine Suppe oder den Kaffee verschüttete. Mischas Mutter schimpfte immer öfters mit dem alten Mann und beschloss eines Tages, dass er an einem Extratisch essen sollte. Der Großvater wehrte sich nicht, aber seine Augen sahen traurig aus.
Eines Tages schnitzte Mischa einen Tisch aus einem Stück Holz. Interessiert fragte der Vater: „Mischa, wieso schnitzt du einen Tisch?" „Ach, guter Vater, das ist der Tisch, an dem die liebe Mutter und du einmal sitzen werdet, wenn ihr alt seid." Da schaute der Vater seine Frau an. Beide schämten sich und luden noch am gleichen Tag den Vater ein, wieder mit ihnen zusammen zu essen.

Es ist leider wahr, dass wir unbewusst in der nächsten Generation dasselbe machen, was wir in unserem Elternhaus erlebt haben. Doch ist es auch wahr, dass wir heute bewusst die Dinge ändern können, die wir selbst in unserem Leben nicht ernten wollen.
So, wie Sie heute praktisch mit Ihren Eltern umgehen, werden sehr wahrscheinlich auch Ihre Kinder später mit Ihnen umgehen.
Als mein kleiner Sohn kurz vor einer mehrtägigen **QT**, die ich mit meinem Vater vor mir hatte, anerkennend sagte: „Papa, wenn ich groß bin, mache ich auch mit Dir alleine solche Reisen!", wusste ich, dass ich gerade etwas richtig machte.

Was, wenn keine Eltern mehr am Leben sind?

Möglicherweise lesen Sie dieses Kapitel und sind sehr traurig, weil die Worte und Erkenntnisse für Sie zu spät kommen. Bitte bleiben Sie nicht bei diesen Gefühlen hängen. Haben Sie schon einmal Großeltern erlebt, die – obwohl sie für die eigenen Kinder selten Zeit hatten – alles Mögliche mit ihren Enkelkindern zusammen tun? Manchmal wirkt es so, als versuchten sie etwas an den Enkeln gut zu machen, wo sie bei den eigenen Kindern versagten. Sie empfinden es als zweite Chance.
Nehmen auch Sie sich eine zweite Chance. Wenn Ihre Eltern bereits verstorben sind, fragen Sie sich doch einfach, wo Menschen in Ihrer Umgebung sind, wo Sie ab sofort das aussäen können, was Sie einmal ernten möchten, wenn Sie alt sind.
Das kann die Tante oder der Onkel sein oder ein Nachbar, der etwas Hilfe gebrauchen könnte, weil er alt geworden ist. Kürzlich berichtete mir eine Nachbarin, dass sie zu einer Veranstaltung fahren wolle, wo man eine Oma für die Kinder finden kann. Ältere Damen, die selbst keine Enkel in ihrer Umgebung haben, kommen hier mit jungen Familien zusammen, wo die Großeltern zu weit entfernt wohnen, um sie regelmäßig zu sehen. Haben Sie schon einmal daran gedacht, einen älteren Menschen zu „adoptieren", also bewusst Verantwortung zu übernehmen?
Eine andere Möglichkeit wäre die, bewusst mit einem Menschen Kontakt aufzunehmen, der in Ihrem Leben einmal eine väterliche oder mütterliche Rolle spielte. Vielleicht ein früherer Lehrer, Vorgesetzter oder Pastor. Ich selbst hatte einmal eine solche Beziehung zu einem alten Pfarrer, der mir Griechisch beibrachte. Es war eine sehr kostbare Zeit für mich. Sind also Ihre Eltern nicht mehr am Leben, schauen Sie sich nach anderen Möglichkeiten um. Manchmal liegt das Gute so nahe, dass man es erst als Letztes erkennt ...

QT mit Ihren Eltern:

Machen Sie den ersten Schritt:

1. Was möchten Sie eines Tages am Grab Ihrer Eltern sagen können? Sollen es Worte der Dankbarkeit über die gemeinsam verbrachte Zeit sein oder Worte der Reue, dass Sie doch noch so viel hätten tun wollen, wenn Sie gewusst hätten, wie schnell es endet ... Entscheiden Sie heute!
2. Wo stehen Sie gerade in Ihrer Beziehung zu Ihren Eltern? Sind Sie noch in der Abnabelungs-Phase oder geht es jetzt schon eher darum, die Beziehung zu Ihren Eltern wieder anzufachen und zu pflegen?
3. Wie wünschen Sie sich die Zeit mit Ihren Kindern, wenn diese erwachsen sind? Oder anders gefragt: Was sollten Sie jetzt in das Leben Ihrer Eltern aussäen, damit Sie später das ernten, was Sie wollen?
4. Wie können Sie Ihre Eltern besser ehren? Was können Sie dazu praktisch tun? Wann und wo sollte das geschehen?
5. Was müssen Sie noch vergeben? Wo müssen Sie noch auf Ihr Recht (auf Bitterkeit, Gekränktheit, Wut, Zorn, Rache und so weiter) verzichten, damit Ihre Beziehung zu Ihren Eltern wieder eine Chance hat? Welche Steine zwischen Ihnen und Ihren Eltern müssen noch aus dem Weg? Wann fangen Sie an, damit aufzuräumen?
6. Was würde Ihnen mit Ihren Eltern Spaß machen? Erstellen Sie eine Liste mit allen Aktivitäten, die Ihnen dazu einfallen.
7. Wie könnten Sie eine erste **QT** mit Ihren Eltern starten? Wann fangen Sie an?
8. Wenn Ihre Eltern nicht mehr leben: Welche Menschen könnten Sie beziehungsmäßig „adoptieren"? Wann gehen Sie die Sache an?

Quality Time

mit Ihrer Familie

Wenn Sie einmal damit begonnen haben, das Geheimnis von **QT** mit dem Ehepartner und den eigenen Kindern zu entdecken, werden Sie sehr neugierig auf **QT** mit der ganzen Familie sein.

In einem gesunden Wald richten Stürme kaum Schäden an. Die Bäume stützen sich durch die miteinander verwobenen Wurzeln unter der Erde, wie auch durch ihre Kronen hoch oben.

Ihre Familie wird zu den wichtigsten „Bäumen" in Ihrem Leben gehören.

Anfangs werden Sie und Ihr Partner für Ihre Kinder die wichtigsten Bäume sein. Bäume, die sie stützen, ihnen Halt geben und dadurch, dass sie anfangs noch an Ihren Baum angebunden sind, auch eine besondere Führung. Mit den Jahren wird sich das ändern. Wenn Sie einmal alt geworden sind, werden diese vormals jungen und zerbrechlichen Bäumchen zu stattlichen Eichen und Buchen herangewachsen sein. Nun werden sie Sie stützen und schützen. „Blut ist dicker als Wasser", sagt der Volksmund. Obwohl ich Freunde habe, die meiner Blutsverwandtschaft in nichts nachstehen, weiß ich, dass das eigene Blut etwas ganz Besonderes ist.

Auch wenn meine Frau und ich vielbeschäftigte und gefragte Leute sind, haben wir eine feste Struktur entwickelt, die uns hilft, das wirklich Wichtige, die Familie, nicht aus den Augen zu verlieren und beständig konsequent in sie zu investieren.

Unsere Wege hierfür sind:

- Spielzeiten
- Familiennächte
- Familienabende
- Familienevents
- Familienurlaube
- Unvergessliche Momente

Auch hier gilt ein angemessenes Verhältnis zwischen Qualität und Quantität (Häufigkeit der Treffen). Wer nur auf Quantität zählt, wird ebenso wenig Erfolg haben, wie der, der sich selten Zeit nimmt, aber dann mächtig was „reißt".

Es ist die konsequente und kreative Beständigkeit, das Richtige zu tun, ob man sich danach fühlt oder nicht.

Man kann nur geben, was man hat. Nachfolgend gebe ich unser Konzept als Beispiel. Wie schon vorher angesprochen, sind meine Frau und ich zeitlich sehr in Anspruch genommen. Dementsprechend ist unsere Zeit möglicherweise beschränkter als die Ihre. Wenn Sie also mehr Zeit in die einzelnen Punkte investieren können, tun Sie es bitte.

Spielzeiten

Wir gehören nicht zu den Eltern, die spontan und nahezu bei jeder Anfrage der Kinder ein „Ja, in Ordnung, ich spiele mit" antworten. Doch spielen wir regelmäßig mit ihnen. Wir haben zwei bis drei Nachmittage im Monat als „Spielzeit" festgelegt. Da ich als Pastor montags frei habe, haben wir diesen Tag gewählt. Für Sie passt möglicherweise der Sonntagnachmittag oder ein anderer Tag besser. Wir reservieren eine Zeitspanne von drei Stunden. So können wir zwei bis drei Spiele zusammen spielen. Durch den

Altersunterschied von neun Jahren zwischen dem Jüngsten und der Ältesten müssen alle zu Kompromissen bereit sein. Wenn wir ein Spiel für ältere Kinder spielen, gibt sich unser jüngster Sohn, Kaleb, meist damit zufrieden, die Soldatenfiguren aus dem Spiel Risiko aufzustellen oder mit den Raumschiffmodellen des „Star Wars-Monopoly" zu spielen. Obwohl er nicht selbst mitspielt, ist er doch die ganze Zeit mit dabei und wir genießen die Gegenwart der anderen.

Grundsätzlich kann man solch eine Spielzeit mit mindestens drei verschiedenen Arten von Spielen füllen:

- Brett- oder Kartenspiele
- Spielkonsolen oder Computerspiele
- Outdoor- oder Actionspiele

Brett- oder Kartenspiele

Es gibt Hunderte von guten Spielen. Holen Sie sich Empfehlungen von Freunden oder probieren Sie einfach mal selbst ein neues Spiel aus.

Hier ein paar unserer Empfehlungen:

Die Klassiker wie **Mensch ärgere Dich nicht, Mühle, Dame** und **Halma** kommen nie aus der Mode.

Monopoly in zahlreichen Varianten (Star Wars, Walt Disney, SpongeBob, Simpsons, Herr der Ringe, junior und inzwischen auch für mehrere Städte) sorgt für Abwechslung und das immer wieder Neuentdecken dieser genialen Spielidee.

Risiko, ebenfalls in zahlreichen Varianten erschienen (Herr der Ringe, Narnia, Transformers usw.) ist ein sehr maskulines Spiel. Jungs lieben es, die Welt zu erobern und zu kämpfen. Gleichzeitig entwickelt es die strategischen Fähigkeiten der Spieler.

Schach ist ein vortreffliches Spiel, das man früh lernen und bis ins hohe Alter spielen kann. Ganz nebenbei entwickelt Schach gleichzeitig die wichtigsten Fähigkeiten im Bereich „Führung". Auch hier gibt es sehr modern gestaltete Spielfelder und -figuren (z.B. Star Wars), die auch ganz junge Menschen an dieses Spiel der Könige heranführen können.

King Arthur, ein nicht ganz billiges Brettspiel mit Elektronik. Eines der beliebtesten Spiele in unserer Familie seit Jahren. Auch das Detektivspiel **Cluedo live,** das ebenfalls mit technischer Unterstützung daherkommt, hat seinen Reiz.

Strategische Spiele mit „Mittelaltercharme" wie **Die Siedler, Carcassonne, Im Schutz der Burg** oder **El Grande** sind bei uns auch sehr beliebt.

Kartenspiele oder Würfelspiele wie **Uno, Kniffel, Set, 11er raus** und **Phase 10** gehören zu unseren Alltime-Favorites.

Auch **Fits**, ein Anlegespiel à la Tetris gehört neben dem zeitlosen Bestseller unserer Familie **Take it easy** zu unseren Favoriten.

Spiele, die unsere soziale Kompetenz ausbauen, wie **Therapy, Activity** oder **Tabu** haben auch ihren Platz, obgleich sie bei den weiblichen Mitgliedern unserer Familie wesentlich beliebter sind.

Auch neuere Spiele wie **Dominion** oder **Qwirkle** sind empfehlenswert.

Für die Kleinen eignen sich die sehr auf Dreidimension und bunte Farben ausgerichteten Spiele, wie **Max Mäuseschreck, Monsterfalle, Kiki Ricky, Billy Biber, Obstgarten, Lotti Karotti** und **Uno Muh**. Natürlich gehört auch das Memory in unzähligen Varianten zu den beliebtesten Spielen der Kinder im Kindergartenalter.

Wenn Budget und Platz es erlauben, sind ein Turnierkicker, eine Tischtennisplatte bis hin zu einem Billardtisch weitere spannende Optionen.

Eine gute Spielesammlung können Sie leicht in wenigen Jahren aufbauen. Verschenken Sie immer wieder ein neues Spiel zum Geburtstag, Weihnachten, Ostern oder bei einem guten Zeugnis.

Kaufen Sie ein oder zwei neue Spiele, wenn die Ferien anfangen. Nutzen Sie die Gelegenheiten, die Amazon.de, Ebay und andere Internetplattformen bieten, um gute Spiele gebraucht und günstig zu erstehen. Auch Flohmärkte und Basare bieten eine gute Gelegenheit. Finden Sie Tauschpartner, die mit Ihnen Spiele für eine festgelegte Zeit leihweise austauschen. Mindestens von einem großen Spieleanbieter (Spiele-Offensive.de) im Internet weiß ich, dass man dort so ziemlich jedes Spiel für kleines Geld (meist 4 € für 10 Tage Verleih) ausleihen kann. Möchte man es danach behalten, so wird die Leihgebühr auf den Kaufpreis angerechnet. Eine gute Möglichkeit, um vor dem Kauf zu testen.

Spielkonsolen oder Computerspiele

Vergleiche hierzu überlasse ich lieber der Fachpresse. Hier gibt es jährlich Neuerungen an Ausstattung und Spielvielfalt. Nur so viel hierzu:

Nintendos „Wii“ ist eine familienfreundliche Spielkonsole, die sehr auf Bewegung und gemeinschaftliches Spielen ausgelegt ist. Mit der ganzen Familie **Mario Kart** zu fahren oder **Michael Jackson The Experience** zu tanzen ist schon ein sehr lustiges Erlebnis. **Playstation** und andere Konsolen sind kommunikativ eher auf niedrigem Niveau. Hier spielt jeder für sich und die anderen schauen zu. Ist meiner Meinung nach für Familienspielzeiten eher nicht zu empfehlen. Auch **Apples iPad** macht es möglich, miteinander zu spielen (obwohl es sich hiermit auch sehr gut isoliert spielen lässt). Apps wie **Flottenmanöver, Flight Control, Table Twister, Marble Mixer Touch Hockey, Achtung, UNO, Shredder, Risiko, Conquist** oder **Monopoly** lassen sich miteinander oder/und gegeneinander spielen, wenn man zwei iPads hat. Bei manchen kann man auch auf einem iPad miteinander spielen. Die vorgenannten Apps gehören zu unseren persönlichen Favoriten.

Outdoor- oder Actionspiele

Hier sind die Möglichkeiten wieder nahezu unerschöpflich. Wann haben Sie zum letzten Mal Verstecken (unsere Kinder nennen eine beliebte Variante hiervon „Schwarz-Weiß“) gespielt? Je nach Möglichkeit (eigener Hof oder Garten) lassen sich Fußball- oder Handballspiele genauso verwirklichen wie Softball oder Federballturniere. Selbst ein Basketballkorb, an der Hofmauer angebracht, kann ausreichen, um eine Menge Spaß zu haben. Warum nicht einmal einen „Papierflugzeugbauwettbewerb“ starten und anschließend die gebauten Kunstwerke ein Wettfliegen veranstalten lassen? Welches kommt am weitesten?

Im letzten Sommer haben wir als ganze Familie eine Wasserpistolenschlacht gemacht. War ein echter Spaß. In unserer Familie hat jeder eine Waffe. Eine Nerf-Gun, also ein Gewehr oder eine Pistole, die cool aussieht, ein großes Magazin hat und Schaumstoffmunition abfeuert. Hiermit haben wir schon manch gutes Gefecht miteinander ausgetragen und eine Menge Spaß gehabt. Das geht Indoor wie Outdoor hervorragend. Nur sollte man für Outdoorspiele genug Reservemunition bereitstellen, da nicht jeder abgefeuerte Schuss wiedergefunden wird.

Mit älteren Kindern kann man auch einmal über den Besuch eines Klettergartens, einer Paintball-Anlage oder einer Runde in einer echten Indoor-Cartbahn nachdenken. Oder wie wäre es mit einem Tennismatch?

Familiennächte

Insbesondere bei kleineren Kindern sind Familiennächte sehr beliebt. Aber auch unsere Tochter im Teenager-Alter genießt Sie noch unumwunden.

Es handelt sich hierbei um eine Übernachtung der ganzen Familie in einem Zimmer. Erlaubt es die Zimmergröße, bietet sich das elterliche Schlafzimmer an. Ansonsten ist meistens das Wohnzimmer wegen seiner Größe der geeignetste Raum. Natürlich gehen auch ein Kinderzimmer oder ein Hobbyraum. Wichtig ist nur: Alle menschlichen Familienangehörigen übernachten im selben Raum. Hierfür werden die Matratzen, Kissen und Decken in das ausgewählte Zimmer getragen und ein Schwerpunkt für die Zeit vor dem Einschlafen festgelegt.

Beispiele:

- Ein spannendes Hörspiel
- Das Vorlesen (auch gerne abwechselnd) eines guten Buches.
- Das Anschauen eines unterhaltsamen Filmes.
- Das Erzählen einer Geschichte. Eine Variante hiervon: Einer beginnt und nach fünf Minuten erzählt ein anderes Familienmitglied weiter. Der Wechsel findet so lange statt, wie Familienangehörige da sind. Der Letzte oder der, der sie begonnen hat, beendet dann die Geschichte.
- Das Spielen eines Fantasy-Spieles.
- Das „Hoch-Tief-Spiel". Abwechselnd erzählt zuerst jedes Familienmitglied sein Tief (also die unschönste Erfahrung des Tages bzw. der letzten Woche) und in einer zweiten Runde sein Hoch (also seine beste Erfahrung) des Tages oder der vergangenen Woche.
- Das „Kitzel-Spiel". Nacheinander werden die Füße jedes Familienmitgliedes von einem oder zwei anderen so lange gekitzelt, bis er oder sie aufgibt. Einer stoppt die Zeit. Der Kitzelkönig ist die Person, die am längsten durchgehalten hat.
- Die gute alte Kissenschlacht.

Familiennächte unterstützen die Zusammengehörigkeit einer Familie und sind nicht selten die Highlights, die Ihre Kids später ihren Kindern erzählen werden, wenn es um das „Wohlfühlen" und die „kuschligsten Momente“ ihrer Kindheit geht. Sie haben so etwas noch nie gemacht? Klasse, dann haben Sie jetzt etwas Großartiges zu entdecken.

Wenn die Bandbreite Ihrer Kinder – so wie bei uns – etwas größer ist und vom Teenager bis zum Kleinkind reicht, dann suchen Sie das Gespräch mit den älteren Kindern und machen Sie deutlich, dass hier alle Kompromisse eingehen müssen, damit es funktioniert. Dann schaut man vielleicht bei der einen Familiennacht einen Muppets-Movie und bei einer anderen einen Film aus der Narnia-Reihe. So kommt jeder auf seine Kosten. Letztlich geht es ja nicht um das, was man tut, sondern darum, dass man es zusammen tut und dabei eine Atmosphäre tiefster Verbundenheit erzeugt. Wenn Sie wollen, dass Ihre Familie, auch wenn Ihre Kinder längst selbst Familie haben, noch einen engen Zusammenhalt haben, dann beginnen Sie jetzt damit. Familiennächte sind ein großartiges Instrument hierfür.

Meine Empfehlung: Alle ein bis zwei Monate; in Ferienzeiten auch alle ein bis zwei Wochen einmal.

Familienabende

Familienabende sind zwar keine Familiennächte, doch verfügen Sie oft über den medialen Teil davon. In unserer Familie haben wir jede Woche einen solchen Abend. Idealerweise ist es bei uns der Freitagabend, auch wenn es terminlich nicht immer klappt.

Nach einer anstrengenden Woche in Schule oder Beruf freuen wir uns alle auf diesen Abend. Es ist der Abend, wo wir bewusst vor dem Fernseher abhängen. Da wir die Woche über so gut wie kein Fernsehen schauen, ist das ein echtes Highlight. In Urlaubszeiten kann es dann auch schon einmal ein „Familientag“ sein, an dem wir mehrere Filme oder Serienteile anschauen. So gab es schon „Herr-der-Ringe-Tage“ oder „Serienmix-Tage“. Bei Letzterem wählt sich jedes Familienmitglied eine der Serien aus, die wir auf DVD besitzen, und wir schauen sie nacheinander. Das ist abwechslungsreich und jeder kommt zum Zug. Doch zurück zu den Familienabenden.

Familienabende benötigen folgende Komponenten:

Was zum Knabbern. Auch hier ist Abwechslung Trumpf. Warum nicht vorher beim Kino im Ort vorbeifahren und die Familie mit einem Eimer Popcorn überraschen? Oder beliebte Knabberspezialitäten wie Chips, Flips und Erdnüsse in Schalen auf dem Wohnzimmertisch bereitstellen und dazu für jeden Familienangehörigen eine Schale zum Selbstbefüllen. Auch ein Schoko-Keks-Buffet, wo Sie beliebte Schokosüßigkeiten bereitstellen, von denen sich jeder bedienen kann. Nein, das ist natürlich nicht gesund. Doch einmal pro Woche tun solche Ausnahmen gut.

Ein Spielfilm. Hier sollten Sie mehr auf die Werte, die der Film transportiert, achten als auf die FSK-Freigabe. Wir haben schon furchtbare Erfahrungen mit FSK6-Filmen gemacht, die verbale Ausdrücke, Zweideutigkeiten oder Handlungen des untersten Niveaus transportierten. Informieren Sie sich vorher über geeignet erscheinende Filme, zum Beispiel durch Empfehlungen von Freunden oder – was ich gerne mache – bei Amazon.de. Das hat mir manchen Fehlkauf erspart. Obwohl: Ganz ehrlich, eine 100-prozentige Sicherheit gibt es nicht. Wenn wir merken, dass wir gerade einen Fehlkauf getätigt haben, brechen wir den Film ab und schauen etwas anderes. Man sollte also einen Plan B haben oder den Film wirklich kennen. Was für die Familiennacht gilt, gilt auch hier. Achten Sie darauf, dass auch die Kleinsten nicht zu kurz kommen. Auch wenn Teenager vorhanden sind, darf immer wieder ein netter Zeichentrick- oder Animationsfilm im Programm sein. Jugendliche, die lernen, auf Kleinere Rücksicht zu nehmen, entwickeln so tiefgehende soziale Kompetenzen, die ihnen in ihrem ganzen Leben helfen werden.

Alternative zum Spielfilm: Serie. Viele der aktuellen Fernsehserien transportieren Werte, die wir als bekennende Christen nicht teilen. Dagegen haben ältere Serien den Vorteil, dass man weiß, in welchem Geist sie gedreht sind. Auch da ist nie alles ideal und richtig, doch weiß ich als Vater in etwa, was ich meiner Familie anbiete. Obwohl ich weiß, dass hier die Vorstellungen weit auseinander gehen, möchte ich für die, die hier eher unsicher sind, ein paar Empfehlungen weitergeben, die die Einführung eines Familienabends erleichtern sollen:

Die Waltons. Hier werden die Werte Familie, Krisenbewältigung, Rücksichtnahme, Hilfsbereitschaft, Ehrlichkeit, ältere Menschen zu ehren, Verantwortlichkeit und viele andere sehr eindrücklich vermittelt. Spannend ist, dass die eigenen Kinder sozusagen mit den Schauspielerkindern wachsen. Durch Identifikation mit dem einen oder anderen Schauspieler entsteht eine gewisse Vertrautheit und durch die große Bandbreite an Altersstufen bei den Kindern der Waltons findet sich jeder irgendwo wieder. Die Serie wurde während neun Jahren gedreht und hat insgesamt 221 Folgen, die in neun Staffeln als DVDs erhältlich sind.

Unsere kleine Farm gilt neben den Waltons als eine der beliebtesten Familienserien der Welt. Hier gibt es anfänglich nur zwei Töchter. Später kommen noch eine Tochter und ein angenommener Junge dazu. Die vermittelten Werte sind ähnlich wie bei den Waltons. Auch diese Serie hat neun Staffeln, die insgesamt 204 Episoden enthalten.

Bonanza schaffte es sogar auf 14 Staffeln mit 430 Episoden. Ben Cartwright und seine drei Söhne Hoss, Adam und Little Joe sind sicher kaum einem unbekannt. Ich habe herausgefunden, dass unsere Kids die doch schon ältere Serie echt spannend finden. Vor allem die Jungs. Werte wie Gerechtigkeit, Ehrlichkeit und Mut bilden hier klare Schwerpunkte, müssen aber immer wieder kommentiert werden.

Engel auf Erden aus den späten 80ern ist die dritte Serie, die ich hier vorstelle, in der Michael Landon mitwirkt. Hier kommen die zehn Gebote häufig vor und es wird ermutigt, an Gott zu glauben. Fünf Staffeln mit 111 Episoden stehen hiervon zur Verfügung.

Star Trek verfügt über insgesamt fünf Serien, von denen jede zwischen drei und sieben Staffeln enthält. Ich empfehle insbesondere die Serien „Star Trek – The next Generation", „Star Trek – Deep Space nine" und „Star Trek – Voyager". Die allererste Star-Trek-Serie mit Kirk und Spock scheint mir für Kinder eher ungeeignet. Sie ist voll von Zweideutigkeiten und zeichnet ein Bild der Frau, das doch sehr sexistisch ist. Die empfohlenen Serien jedoch vermitteln größtenteils Werte wie Verantwortlichkeit, Entdeckung, Mut, Respekt, Gehorsam, Kreativität, Forscherdrang und Initiative. Außerdem wird hier sehr eindrücklich gute Kommunikation vermittelt und man kann eine Menge über Menschenführung und Toleranz lernen.

Die Simpsons sind ganz sicher nicht jedermanns Fall und auch ich habe bei manchen Folgen starke Bedenken. Darum ist es hier wichtig, hinterher darüber zu sprechen und nicht alles kommentarlos stehen zu lassen. Auf der anderen Seite habe ich aber auch bei meinen Kindern bemerkt, dass die teilweise völlig überzogenen und dadurch letztlich unglaubwürdigen Szenen keinerlei Vorbildcharakter haben, sondern oft genau das Gegenteil bewirken. Wenn Vater (Homer) und Sohn (Bart) sich prügeln oder Bart völlig respektlos mit seinem Vater oder Großvater umgeht, dann kommt einfach keiner auf den Gedanken, das sei richtig. Man amüsiert sich eher über das eben total lächerliche Verhalten der gelben Persönlichkeiten, die uns durch ihre Übertreibungen manchmal unsere eigenen Schwachstellen bewusst machen. Mit um die 500 Episoden und längst mehr als 22 Staffeln gehören die Simpsons zu den erfolgreichsten Serien der Fernsehgeschichte. Sie wird bei Drucklegung dieses Buches nach wie vor mit neuen Folgen produziert. Ich empfehle, sich auf die ersten zehn Staffeln zu begrenzen. Danach nehmen die Zweideutigkeiten und Respektlosigkeiten unverhältnismäßig zu und es wiederholt sich vieles aus den ersten Staffeln im neuen Gewand.

Lassie lief rund 20 Jahre lang als Serie im Fernsehen. Kaum einer, der den kleinen Timmy und die treue Schäferhündin nicht in sein Herz geschlossen hat. Teilweise in schwarzweiß, spätere Folgen in Farbe, erzählt die Serie einfache Geschichten, die doch oft großen Tiefgang mit sich bringen. Insbesondere kleine Kinder lieben diese Serie und identifizieren sich mit dem kleinen Jungen Timmy. Die Werte, die vermittelt werden, sind zum Beispiel: Treue, Familie, Vertrauen, Hilfsbereitschaft, Entdeckung, Mut und Verantwortung.

Eine Austauschrunde

Wenn nicht am Ende des Filmes die Hälfte der Familie in ihren Sesseln und Sofas eingeschlafen ist, dann wagen Sie doch die Moderation einer Austauschrunde. Zum Beispiel nach dem bereits beschriebenen „Mein Hoch/mein Tief-Prinzip". Geben Sie zum Ende ein Statement über den Film ab und unterstreichen Sie hierdurch positive Elemente. Scheuen Sie sich auch keinesfalls, in diesem Statement klar aufzuzeigen, wo der Film wichtige Werte der Familie verletzt hat, und regen Sie eine Diskussion hierzu an.

Die von mir hier vorgeschlagenen Serien sind alle schon etwas älter. Daher kann man sie meist sehr günstig erwerben. Entweder als neue Ware oder auch gebraucht. Man zahlt meist zwischen zehn und 15 Euro für eine ganze Staffel mit meistens 20 bis 25 Episoden. Das entspricht 0,75 Euro oder weniger pro Teil. Sie können sich dann selbst ausrechnen, mit welchem Budget Sie monatlich bzw. jährlich kalkulieren sollten. Es ist in jedem Fall überschaubar. Außerdem spricht nichts dagegen, gesehene Staffeln wieder zum Beispiel über Amazon oder Ebay zu verkaufen. So verringern sich die Kosten leicht noch einmal um 50 Prozent. Es sind Investitionen, die sich lohnen. Fragen Sie doch einmal in Ihrem Bekanntenkreis, wer dort möglicherweise welche Serien hat und bereit wäre, sie ihnen zu leihen.

Familienevents

Die wenigsten Menschen, die ich kenne, sind so flexibel, wie sie selbst von sich glauben.

Kennen Sie das: Der Sommer kommt und Sie freuen sich schon darauf, mit Ihrem Kind ins Freibad zu gehen. Dann, am Herbstanfang, stellen Sie fest, dass Sie nur ein- oder zweimal während Ihres Urlaubs oder - im Extremfall - kein einziges Mal im Freibad gewesen sind. Der Grund ist meistens ganz einfach: Es war so viel Wichtiges zu tun. Sie haben das Schwimmbad nicht fest eingeplant!

Bedenken Sie, wie schnell ein weiteres Jahr vergangen ist und dass Sie mit jedem Ihrer Kinder nur eine sehr begrenzte Zahl von Jahren in der Familie haben. Oft sind es nur 15 bis 18 Jahre und mit jedem verstrichenen Jahr ist es wieder eins weniger. Wenn Ihr Sohn oder Ihre Tochter heute zehn Jahre alt ist, werden Sie die meisten Geburtstage, Schwimmbadbesuche, Freizeitparkevents und Urlaube bereits hinter sich haben. Ist Ihnen das bewusst? Was werden Sie mit den Jahren, die Sie noch mit Ihren Kindern in einem Haus verbringen, anfangen?

Machen Sie eine Liste

Machen Sie sich eine Liste, auf der alle Aktivitäten aufgeführt sind, die Sie gerne zusammen mit der ganzen Familie gemacht haben wollen, wenn die Kinder alle aus dem Haus sind. Da können zum Beispiel alltäglich mögliche Dinge drauf stehen, etwa:

- Nachtwanderung
- Kinobesuche
- Hallenbad/Freibad besuchen
- Schlittschuhlaufen
- Tennis/Squash spielen
- Spielplatz
- Indoor Spielplatz
- Eis essen gehen
- Zugfahrt in die nahegelegene Großstadt zum Shopping
- Kegeln oder Bowlen gehen
- Billard spielen

Oder Dinge, die ein größeres Budget an Geld und Zeit benötigen und längerfristige Planung voraussetzen:

- Disneyland Paris
- Europapark
- Playmobil Fun Park
- Legoland
- Phantasialand
- Burgbesichtigung
- Musicalbesuch
- Fußballspiel
- Konzert
- Theaterstück

Quantifizieren Sie diese Liste

Wie häufig wollen Sie mit Ihrer Familie die alltäglich möglichen Dinge von Ihrer Liste im nächsten Jahr tun?
Welche der Aktivitäten Ihrer Liste, die ein größeres Budget an Zeit und Geld erfordern, wollen Sie im nächsten Jahr mit Ihrer Familie zusammen tun?

Werden Sie konkret!

Besorgen Sie sich einen Kalender des kommenden Jahres und reservieren Sie bereits jetzt zusammen mit Ihrem Partner ganz konkrete Termine für alle von Ihnen im zweiten Schritt quantifizierten Aktivitäten. Für viele Aktivitäten sind Samstage die idealen Tage, da die Kinder an diesem Tag keine schulischen Verpflichtungen haben und Sie und Ihr Partner da oftmals leichter frei bekommen, wenn Samstag nicht sogar ohnehin Ihr freier Tag ist.Reichen Sie frühzeitig für die Mehrtagesaktivitäten Urlaub ein. Oftmals gilt hier nach wie vor: Wer zuerst kommt, mahlt zuerst. Dann besorgen Sie sich – wenn nötig - die Eintrittskarten und Übernachtungsquartiere und präsentieren Sie Ihrer Familie in einem besonderen Moment Ihren Plan für das kommende Jahr. Bei älteren Kindern kann es natürlich notwendig sein, sie in die Planung zu involvieren. Einerseits haben sie vielleicht schon eigene Pläne für den einen oder anderen Zeitraum und andererseits könnte es sein, dass ein von Ihnen anvisierter Familienevent nicht gewollt ist.

Familienurlaube

Außerhalb

Ähnliches wie bei den Familienevents gilt auch für den Urlaub oder die Urlaube. Je älter die Kinder sind, desto mehr sollten sie

mitreden dürfen. Denn schließlich wollen Sie ja mit der ganzen Familie Spaß haben und nicht zwei oder drei Wochen einen Griesgram an Ihrer Seite aushalten müssen.
Schauen Sie sich doch hierzu noch einmal Ihre Liste vom letzten Punkt an und fügen Sie ihr die Aktivitäten hinzu, die Ihre Kinder Ihnen nennen, wenn Sie sie danach fragen, was sie besonders gerne im Urlaub machen wollen. Ausgerüstet mit dieser Liste werden Sie sicher spannende und vielfältige Möglichkeiten finden, die gesammelten Ideen zu integrieren.
In Center Parcs haben wir die ersten zehn Jahre unserer Zeit als Eltern Urlaub gemacht. Die boten für uns die beste Kombination von gewollten Aktivitäten. Überall in Deutschland und im näheren europäischen Ausland gibt es Familienhotels oder Parcs mit vielfältigen Angeboten. Oft gibt es Hallenbäder oder Freizeitparks oder Zoologische Gärten in der Umgebung. Bei größeren Kindern und der Möglichkeit zu Flugreisen gibt es schier unendlich viele Angebote, die von Skiurlaub in den Bergen über Safaris bis hin zum Strandhotel alles möglich machen.
Auch hier ist gute Planung und Recherche alles. Das Internet bietet hier eine unschätzbare Hilfe.

Innerhalb

Nicht jeder hat jedes Jahr die Möglichkeit, mit seiner Familie an einem anderen Ort Urlaub zu machen. Nicht selten ist es das eigene Budget, das eine Ferienreise einfach nicht möglich macht. Urlaub auf Balkonien also. Klingt ziemlich fade.
Wir hatten erst kürzlich ein solches Jahr. Wir hatten – als langfristige Planer – aus Budgetgründen beschlossen, den nächsten Sommerurlaub zu Hause zu verbringen. Unser Budget bestand aus weniger als dem Drittel dessen, was wir ansonsten für einen kompletten Sommerurlaub investierten.

Ich begann schon Monate zuvor, diesen Urlaub vorzubereiten, und hatte das ehrgeizige Ziel, ihn zu einem unserer besten Familienurlaube überhaupt zu machen. Meine Familie bestätigte mir dann am Ende dieses Urlaubs glaubhaft, dass mir das gelungen war. Darum traue ich mich, Ihnen nachstehend einige der Aktivitäten weiterzugeben, die ich in meinem Vierwochenplan vorbereitet hatte. Im Groben bestand meine Tabelle für diesen Urlaub aus zwei Spalten. Für jeden Abend (außer den wöchentlichen Eheabenden, die natürlich auch im Urlaub stattfanden) besorgte ich einen Spielfilm. Viele davon gebraucht über Amazon. Man kann sie natürlich auch günstig ausleihen. Tagsüber hatten wir täglich ein bis zwei geplante Aktivitäten. Die Auflistung entspricht nicht der Reihenfolge und soll vielmehr zeigen, wie man auch zu Hause einen längeren Urlaub genießbarer, ja sogar richtig schön machen kann.
Was wir taten, war:

- Eis essen (drei Mal)
- Kinobesuch (zwei Mal)
- Ebay-Verkaufstag (jeder konnte ein paar Dinge verkaufen)
- Shopping-Tag (jeder konnte seine Ebay-Gewinne neu investieren)
- Radtour mit Ziel in einem Frühstücksrestaurant
- Mittagessen bei McDonald's/Burger King/KFC (drei Mal)
- Freizeitpark
- Serientag (jeder wählt eine Serie aus)
- Super-Soaker-Schlacht (jeder erhielt eine neue Wasserpistole mit großer Reichweite. Wir hatten eine Menge Spaß!)
- Nerf-Schlacht im Garten oder Haus (mit Nerf-Gewehren, die Schaumstoffgeschosse abfeuern)
- Spielplätze besuchen (verschiedene)
- Hallenbäder besuchen (verschiedene)
- Großtante besuchen
- Wöchentlich eine Familiennacht

- Mehrfach Abendessen für die ganze Familie bestellt
- Mehrfach Grillen
- Nachtwanderung
- Neue Spiele (ich besorgte im Vorfeld mehrere neue Brettspiele, die ich dann nach und nach als Überraschung präsentierte)
- Spielnachmittage mit beliebten Spielen unserer Familie („Risiko", „King Arthur", „Monsterfalle").

Dazu kam, dass ich ganz gezielt drei Bereiche für Aufräumaktionen ausgewählt hatte (Speicher, Schuppen und Keller). Das waren drei richtig anstrengende Tage für uns alle, aber sie lagen immer eine Woche auseinander, sodass es nicht zu viel wurde.

Ich kann sagen, dass diese vier Wochen sehr abwechslungsreich und spannend waren und uns als Familie noch mehr miteinander verbunden haben. Das Budget war niedrig und Betten und Fernsehgerät sind ja meist zu Hause besser als in Ferienorten.

Doch eins ist sehr wichtig:

Durch Handy und Internet ist es sehr viel schwieriger geworden, zu Hause Urlaub zu machen. Darum haben wir folgende Regeln aufgestellt, mit deren Hilfe wir vier Wochen ungestört zu Hause Urlaub machen konnten:

1. Wir machten allen klar, dass wir die nächsten Wochen nicht erreichbar sein werden und dass wir zu Hause so Urlaub machen wollen, als ob wir verreist seien. So nahmen wir für die ersten drei Wochen keine Einladungen zu Geburtstagsfeiern (einer hat immer Geburtstag) oder sonstigen Aktivitäten an. Die Kinder machten ihren Freunden klar, dass sie sich in dieser Zeit nicht mit ihnen treffen oder auch nur telefonieren würden.
2. Rufen Sie keine beruflichen Emails ab und halten Sie sich von Ihrem Home Office fern. Ich schalte in diesen Zeiten grundsätzlich meine beruflichen Emailkonten aus und setze einen Auto-Responder (also eine automatische Nachricht, die jeder erhält,

der an meine dienstlichen Emailadressen schreibt) ein, der klarmacht, dass ich erst ab dem Zeitpunkt von der eingetroffenen Email Notiz nehme, wenn mein Urlaub vorbei ist.
3. Machen Sie vor allem Großeltern und nahen Verwandten klar, dass die üblichen Spontanbesuche in dieser Zeit aussetzen müssen. Wenn Sie es richtig begründen, werden sie es verstehen.

Natürlich ist mir klar, dass vieles von den Beispielen in diesem Kapitel nichts für jeden ist. Dennoch glaube ich, dass diese Dinge Impulsgeber sein können und zu eigenen, vielleicht völlig anderen Ideen und Gedanken führen, die Ihnen helfen, echte **QT** mit Ihrer Familie zu haben.
Wenn Sie die Elemente Spielzeiten, Familienabende, Familiennächte, Familienevents und Familienurlaube richtig nutzen, wird sich mittelfristig die Atmosphäre Ihrer Familie positiv verändern. Jede dieser Maßnahmen drückt nämlich Ihre Liebe aus.

Erinnern Sie sich noch? Die ultimative Währung für Liebe ist nicht Geld, sondern sie besteht aus vier anderen Buchstaben: **Zeit**
Verschenken Sie Ihre Zeit ganz bewusst und gut geplant und beobachten Sie, wie anfängliches Misstrauen großer Freude und Dankbarkeit weicht und dazu führt, dass Sie an einer Familie bauen, in der man sich wohl und geborgen fühlt und deren Werte und Wege Sie auch später in den Familien Ihrer Kinder wiederfinden werden.

Unvergessliche Momente

Alle die vorgenannten fünf Wege können solche Momente enthalten. Doch können Sie solche Momente für Ihre Familie auch selbst kreieren und inszenieren.

Es gibt sie, diese Momente, die wir nie wieder vergessen. Oft sind es zufällig entstandene Kombinationen verschiedener Umstände, die solch einen nachhaltigen Eindruck in unserem Leben hinterlassen haben. Was aber, wenn wir solche Momente – zumindest in einem gewissen Umfang – selbst „herstellen“ könnten?

Wünschen Sie sich nicht auch ein paar mehr solcher Momente für Ihre Kinder, als Sie selbst sie vielleicht erleben durften?

Wenn ja, bedeutet das für Sie viel Kreativität, ein bisschen über den eigenen Schatten zu springen und meistens auch ein Stück Planung und Arbeit.

Ja, Sie haben das richtig gelesen: Diese Momente, die für andere so völlig spontan und geschenkt wirken werden, haben Sie ein gutes Stück mit auf den Weg gebracht.

Was könnten das für Momente sein, die ein Leben lang positiv, verbindend und unvergesslich in den Herzen unserer Familie eingemeißelt bleiben?

Denken Sie doch einmal an die letzten zwei oder drei Familienurlaube zurück. Was waren deren magische Momente, die Sie, wenn Sie Tagebuch führen würden, aufgeschrieben hätten?

Wenn ich an unseren letzten Familienurlaub an der Ostsee zurückdenke, waren es Momente wie der, als ich mit meiner großen Tochter Grace nachts noch einmal zum Strand gelaufen bin. Es war schon spät und wir waren alleine. Über uns der sternenklare Himmel mit einem riesengroßen abnehmenden Mond. Vor uns das Rauschen der am Strand auslaufenden Wellen. Grace und ich, wir gingen ein ganzes Stück barfuß über den abgekühlten Sand und hatten ein wundervolles Vater-Tochter-Gespräch. Ich bin sicher, weder Grace noch ich werden diesen Abend jemals vergessen.

Dann war da das „American Diner“, ein aus den USA importierter Original-American-Diner-Trailer mit angebauter Küche. Zweimal waren wir als ganze Familie in dem für uns doch sehr exotischen

Restaurant und genossen riesige Burger und Milchshakes. Wir waren so für kurze Zeit in eine andere, farbenfrohe und originelle Welt entrückt und hatten dort eine Menge Spaß.
So könnte ich noch ein paar weitere Dinge aufzählen.
Ein Moment, der nun schon ein paar Jahre zurückliegt, war ein spontaner Familienausflug. Meine Frau und ich, wir packten unsere Rucksäcke mit Broten, Kuchen und Getränken, fuhren mit dem Auto an den Feldrand eines Dorfes in der Nähe und gingen mit unseren damals noch kleinen Kindern etwa zwei Kilometer spazieren. Auf dem damals frisch aufgeschütteten, etwa fünf Meter hohen Erdwall, der kilometerlang parallel zur neuen ICE-Strecke verläuft, machten wir dann Pause. Wir aßen unser Lunchpaket und hockten dabei auf dem Betonpfeiler eines riesigen Stromleitungsturmes. Ab und zu düste ein ICE an uns vorbei und wir hatten einfach nur Spaß zusammen.
Heute, rund zehn Jahre später, komme ich manchmal an diesem Platz vorbei und die Erinnerung ist da, als wäre es gestern gewesen. Für meinen Sohn, der damals erst drei Jahre alt war, ist das bis heute sein Lieblingsplatz für seine **QT** mit mir.
Je mehr Sie darüber nachdenken, desto mehr Ideen werden Ihnen einfallen.

Vom Ende her denken

Eine gute Hilfe hierbei ist es, sein Leben und sogar das seiner Kinder vom Ende her zu denken. Das bedeutet, sich Gedanken darüber zu machen, wie wohl das, was wir gerade tun, für uns und unsere Kinder sein wird, wenn wir ein hohes Alter erreicht haben. Wird das einer von vielen Momenten sein, die kommen und gehen und an die wir in Zukunft kaum mehr denken werden?

Oder kreieren wir gerade einen dieser magischen Momente, die das Band zwischen uns weiter festigen und über die wir noch auf den Geburtstagsfeiern unserer Enkel und Urenkel zusammen reden und lachen werden?

Pfeffer im Alltag

Viele dieser unvergesslichen Momente können wir alleine schon dadurch formen, dass wir unsere Bequemlichkeitszone verlassen. Ich erinnere mich an den einen oder anderen Nachtspaziergang, den ich ins Leben rief. Wir fuhren ein paar Kilometer auf einen Waldparkplatz und dann spazierten wir eine halbe Stunde durch den stockfinsteren Wald. Manchmal gab ich jedem der Kinder mehrere dieser Knicklichter, die wir uns dann um den Hals oder um die Handgelenke banden. Unsere beiden Hunde bekamen ebenfalls welche um ihre Halsbänder, sodass wir genau sehen konnten, wo die beiden gerade herumtobten. Manchmal erzähle ich dann gruselige Geschichten oder stelle Vermutungen darüber auf, ob es wieder Wölfe und Bären in unseren mitteldeutschen Wäldern geben könne. Auch wenn danach wieder alle froh sind, im sicheren Auto zu sitzen, so haben diese Momente für uns als ganze Familie etwas Unvergessliches.

Kürzlich waren wir mit den beiden großen Kids auf einem christlichen Konzert. Obwohl am nächsten Tag Schule war, entschied ich, dass wir uns noch einen Nachtimbiss bei McDonald's gönnten. So saßen wir um kurz vor 23 Uhr zusammen und aßen Burger und Pommes. Es war keine große Sache und einige Zeitgenossen machen das sogar regelmäßig. Doch als verantwortungsbewusste Familie stellte dieser späte Imbiss vor einem Schultag eine große Ausnahme dar. Dementsprechend war selbst das einer der Momente,

die wir so schnell nicht wieder vergessen. Vielleicht haben Sie ein Gartenhäuschen oder ein Zelt und verbringen einfach einmal eine Nacht mit Ihren Kindern oder der ganzen Familie im Garten oder auf einer Wiese. Alleine der warme, über einem kleinen Lagerfeuer oder einem Campingkocher erhitzte Kakao wird unvergesslich bleiben.
Wie wäre es für Sie als Autofahrer, einmal eine Zugfahrt zu einem größeren Bahnhof zu machen? Ihre Kinder sind Züge vielleicht gar nicht gewohnt und alleine die Zugfahrt wird ein unvergesslicher Moment werden. Haben Sie kleine oder mittlere Jungs, dann schauen Sie sich auf dem großen Bahnhof die Züge an. Gehen Sie in den einen oder anderen einmal kurz rein (auf Abfahrtzeit achten!). Solch ein Event kann mehr Nachhaltigkeit bei Ihren Kids hervorrufen als der letzte (viel teurere) Besuch eines Vergnügungsparks. Probieren Sie es aus und entwickeln Sie Ihre eigenen unvergesslichen Momente, statt auf die paar wenigen zu warten, die das Leben Ihnen schenken wird. Seien Sie auch hier proaktiv. Denken Sie vom Ende her und entwickeln Sie Kreativität. Es wird Ihre Familie noch fester zusammenschweißen.

QT mit Ihrer Familie:

Machen Sie den ersten Schritt:

Durch Strukturen geben Sie den jungen Bäumen Halt, Führung und Verbindung zu den eigenen Wurzeln (nämlich zu Ihnen).

Welche zwei bis drei der beschriebenen Wege möchten Sie gerne als Erstes ausprobieren?

- Spielzeiten
- Familiennächte
- Familienabende
- Familienevents
- Familienurlaube
- Unvergessliche Momente kreieren

Lesen Sie jetzt bitte nachstehend die nächsten Schritte zu den von Ihnen angekreuzten Wegen:

1. **Wann und wie oft möchten Sie Spielzeiten in Ihren Familienalltag integrieren?**
   - An welchem Wochentag, um welche Uhrzeit?
   - Mit welchen Spielen fangen Sie an, beziehungsweise welche Spiele werden Sie hierzu noch besorgen?

2. **Wann und wo wollen Sie Ihre erste Familiennacht durchführen?**
   - Was ist organisatorisch noch zu beachten?
   - Was wollen Sie in dieser Familiennacht konkret tun/ inszenieren?

3. **Wann starten Sie Ihren ersten Familienabend?**
   - Welche Serien und Spielfilme bevorzugen Sie hierfür? Welche DVD wollen Sie hierfür noch besorgen?
   - Was ist Ihnen bei diesen Familienabenden besonders wichtig? Worauf wollen Sie achten?

4. **Mit welchen Familienevents wollen Sie beginnen?**
   - Machen Sie sich eine Liste, auf der alle Aktivitäten aufgeführt sind, die Sie gerne zusammen mit der ganzen Familie gemacht haben wollen, wenn die Kinder alle aus dem Haus sind.
   - Welche dieser Events eignen sich für den Alltag und erfordern kein oder nur ein sehr kleines Budget?
   - Welche benötigen ein größeres Budget und müssen mit zeitlichem Vorlauf geplant werden?
   - Wie häufig möchten Sie diese Events durchführen?
   - Planen Sie jetzt für die nächsten 12 bis 18 Monate!

5. **Wollen Sie Familienurlaub für sich ganz neu entdecken?**
   - Was sind Ihre Ideen? Wohin soll es gehen? Wollen Sie einmal einen Urlaub zu Hause probieren?
   - Wann, wo und wie soll Ihr nächster (oder erster) richtiger Familienurlaub stattfinden? Was müssen Sie tun, um Ihre Familie für diese Idee zu gewinnen?

6. **Planen Sie Ihren ersten „Unvergesslichen Moment".**
   - Denken Sie vom Ende her.
   - Denken Sie über die unvergesslichen Momente in Ihrem Leben nach. Was könnten Sie tun, um solche Momente bewusst für Ihre Kinder, für Ihre Familie zu inszenieren? Notieren Sie sich Ideen hierzu.
   - Wagen Sie es, Fehler zu machen. Manchmal sind es gerade die scheinbar gescheiterten besten Vorhaben, die einem ein Leben lang in guter und verbindender Erinnerung bleiben.

7. **Finden Sie einen Weg, Ihre durchdachten und notierten Ideen und Pläne (außer natürlich denen für die „Unvergesslichen Momente") mit Ihrer Familie zu kommunizieren**. Beziehen Sie Ihren Partner so weit wie möglich in Ihre Planungen und Gedanken mit ein und nehmen Sie auch das Feedback der Kinder ernst. So ersparen Sie sich und der ganzen Familie Enttäuschungen durch Missverständnisse und unterschiedliche Erwartungen, die ansonsten vorprogrammiert sind.

Quality Time

mit Freunden

Wir Menschen sind durch und durch soziale Wesen. Wir haben alle die gleichen drei sozialen Grundbedürfnisse: Bedeutsamkeit, Selbstwert und Sicherheit.
Niemand ist in der Lage, diese drei Bedürfnisse unabhängig von anderen Menschen befriedigt zu bekommen.
Darum halten wir uns alle in einem sozialen Netzwerk auf. Zugegeben, das kann je nach Persönlichkeitsform sehr unterschiedlich aussehen. Eine introvertierte Persönlichkeit wird hier tendenziell weniger Personen in ihrer unmittelbaren Nähe haben als eine extrovertierte Person.
Jedoch entscheidet nicht die Quantität, sondern vor allem die Qualität der Beziehungen über unser soziales Wohlfühlen. Hier hören auch schon die scheinbaren Vorteile der extrovertierten Persönlichkeiten auf. Diese haben zwar häufig einen großen Bekanntenkreis, doch sind hier die meisten Beziehungen eher oberflächlich.
In meiner Beratungstätigkeit ist es mir sehr häufig aufgefallen, dass viele Menschen keinen echten Freund haben. Sie sind zwar von freundlichen Beziehungen umgeben, haben aber nicht „den besten Freund“ oder „die beste Freundin“, nach der sie sich sehnen und mit der sie über wirklich alles reden können.
Wie kommt es, dass so viele Menschen trotz vieler guter Bekannter keinen einzigen echten Freund haben?
Der Grund ist einfach: Eine Freundschaft, wie jede wichtige Beziehung, entsteht, besteht und wächst durch den gleichen Schlüsselfaktor: gemeinsam verbrachte Zeit!

Denken Sie einmal an Ihre Kindheit und frühe Jugend zurück. Erinnern Sie sich an Ihre Schulzeit und die Zeit Ihres Studiums oder Ihrer Berufsausbildung? Hatten Sie in dieser Zeit echte Freunde oder echte Freundinnen? Sehr wahrscheinlich war das so. Doch wo sind diese Personen heute?

Durch die Aufspaltung unseres Schulsystems trennen sich die ersten besten Freundschaften oft schon nach der Grundschulzeit. Vielleicht wechselte der beste Freund auf die Realschule, während Sie die Hauptschule besuchten. Oder die beste Freundin wechselte auf das Gymnasium, während Ihr Weg Sie auf die Stufe der Mittleren Reife führte. Natürlich nimmt man sich vor, in Kontakt zu bleiben. Doch seien wir mal ehrlich: Das klappt meistens nur kurze Zeit, wird dann weniger und weniger und verebbt irgendwann ganz.

Ich habe das schon bei meinen Kindern in der Kindergartenzeit beobachtet. Mein Sohn Raphael hatte damals einen allerbesten Freund. Der hieß Colin. Die beiden liebten sich und verbrachten bei jeder Möglichkeit Zeit zusammen. Es war ein wunderschönes Bild, die beiden Fünfjährigen sich umarmen zu sehen und die Harmonie zu erkennen, die die beiden im gemeinsamen Spiel zeigten. Doch dann – Sie ahnen es – gab es eine einschneidende Veränderung. Aus beruflichen Gründen zogen Colins Eltern viele hundert Kilometer weit weg und die unsterblich anmutende Freundschaft fand ein jähes Ende.

Ich bin sicher, Sie kennen auch solche traurigen Geschichten. Vielleicht sind einige davon sogar Ihre eigenen.

Nun, als junger Mensch ist man in der Regel sozial flexibel. Man steckt den Verlust schließlich weg und man findet einen neuen besten Freund/eine neue beste Freundin. In der Jugendzeit geht man zusammen auf Partys, übernachtet beieinander, teilt denselben Sport, das gleiche Hobby, sitzt in derselben Fankurve des

Fußballspiels und so weiter. Doch dann kommen sie wieder: Veränderungen!
Die Lehre ist gemacht, das Studium beendet, die Hochzeit fand statt. Die vormals große Flexibilität im sozialen Umgang miteinander wird geringer. Arbeitsplatz oder fester Partner beanspruchen mehr Zeit. Man zieht aus dem elterlichen Haus in eigene vier Wände, vielleicht in die Nähe des Arbeitsplatzes. Konnte man sich vormals im ländlichen Raum buchstäblich auf der anderen Straßenseite treffen, so liegen jetzt große Wegstrecken und enge zeitliche Verpflichtungen zwischen einander. Man begegnet sich nur noch zufällig oder geplant. Da viele Menschen eine eher ablehnende Haltung zur Planung haben oder sie schlicht und ergreifend nicht beherrschen, verliert man sich mehr und mehr aus den Augen. Die Cliquen lösen sich schleichend, doch unaufhaltsam auf. An deren Stelle tritt nun häufig der Ehepartner und dann, wenn das erste Kind das Licht der Welt erblickt, die Familie.
Nun entstehen Beziehungsbande, die die nächsten zwei Jahrzehnte des Menschen weitgehend bestimmen. Mit anderen Worten: Wenn Sie in dieser Zeit nicht sehr aktiv an anderen Beziehungen bauen, werden Sie diese aus den Augen verlieren.
Gäbe es da nicht eine erschütternde Wahrheit, wäre das Ganze ja nicht so tragisch. Schließlich ersetzen hier neue familiäre Beziehungen lediglich die alten Beziehungen zu den Freunden und der Clique.
Diese Wahrheit ist: Die Kinder werden irgendwann selbst flügge und das elterliche Nest verlassen. Sie werden dann eigene Beziehungsnetze aufbauen und sie werden dann – zumindest für eine Zeit, oder bis Ihr Nachwuchs dieses Buch liest – andere Beziehungen intensiver pflegen als die zu Ihnen.
Wenn Sie also dann in Ihren 40ern oder 50ern sind, stehen Sie mehr oder weniger wieder alleine da. Genau da, wo Sie vielleicht

an Ihrem ersten Kindergarten- oder Schultag waren. Die gute Nachricht ist: Das muss nicht so sein!
Sie können jetzt damit anfangen, Freundschaften zu beginnen oder wieder zu reaktivieren und diese aufzubauen. Freundschaften, die auch dann noch bestehen, wenn Ihre Kinder längst aus dem Haus sind.
Ich weiß nicht, wie häufig ich von erwachsenen und erfolgreich im Leben stehenden Männern und Frauen den Satz gehört habe: „Ich hätte so gerne einen richtigen Freund, mit dem ich über alles reden kann!"
Es ist erstaunlich, dass Menschen, die ansonsten alles erreicht haben, genau hier scheitern.
Lassen Sie uns darum schauen, wie wir diesen Zustand verändern können.

Finde die richtigen Personen

Es gibt keine Vorschrift, dass man nur einen „besten Freund" haben darf. Obwohl es häufig dabei bleibt glaube ich, dass man auch zwei, drei oder vier Personen als „beste Freunde" haben kann. Mir sind hierfür Beispiele bekannt.

So finden Sie einen besten Freund/eine beste Freundin

- Reaktivieren Sie alte Freundschaften aus Ihrer Schulzeit oder der alten Clique. Nie war es leichter, verschollene Personen wiederzufinden, als in unserer Zeit sozialer Netzwerke. Eine Email oder ein Anruf kann der Anfang einer lebenslangen Freundschaft werden.
- Schauen Sie sich um: Welche Menschen, die derzeit Ihr Leben umgeben, sind Ihnen besonders sympathisch? Wo stimmt die

Chemie? Wer funkt mit Ihnen auf der gleichen Wellenlänge? Oft umgeben uns längst potenzielle künftige „beste Freunde". Denken Sie dabei an Ihre Nachbarschaft, an Ihren Verein oder an Ihren Arbeitsplatz.

- Achten Sie auf die, die bleiben, wenn alle anderen gehen. Vielleicht sind Sie selbst einmal durch eine Lebenskrise gegangen. Wenn Sie einmal längere Zeit sehr krank oder arbeitslos waren, wenn Sie einmal durch eine Insolvenz gegangen sind oder Ihr Bekanntenkreis sich wegen einer Ihrer Entscheidungen von Ihnen abgewandt hat, dann haben Sie einen großen Vorteil bei der Auswahl Ihrer Freunde. Erinnern Sie sich an die Personen, die trotzdem zu Ihnen hielten. Wer hat solch eine schwere Zeit mit Ihnen durchgestanden? Wer hat Sie damals unterstützt und ermutigt? Wer wich nicht von Ihrer Seite? Wer hat Sie verteidigt, für Sie gekämpft? Wer hat Ihre Schwächen zugedeckt und Ihre Stärken vor anderen betont? Wer blieb Ihnen sogar dann treu, wenn er Sie selbst nicht mehr verstand? Diese Qualitäten sind selten geworden. Man findet Sie manchmal in sehr stillen, eher zurückgezogenen Persönlichkeiten. Hier tiefer zu graben fördert oft große und wertvolle Schätze zutage. Mit solchen Menschen können Sie gemeinsam alt werden. Vielleicht entsprechen sie nicht immer Ihrem Stand und Ihrem Status, doch können Sie sich sicher sein, dass solche Personen Ihnen auch dann noch beistehen, wenn alle anderen gegangen sind. Ich selbst bin sehr dankbar, solche Freunde zu haben. Manchmal habe ich ein inneres Bild hierfür, das Sie vielleicht auch nachvollziehen können. Ich sehe mich in meinen 80ern mit diesen Männern zusammensitzen. Wir sitzen als die alten Knaben, die wir dann sein werden, zusammen in irgendeinem Bistro und spielen Schach. Ich mag dieses Bild. Es zeigt, dass echte Freundschaft ein Leben lang halten kann.

- Gehen Sie dorthin, wo Sie sich neue „beste Freunde“ vorstellen können. Wenn Sie alleinerziehende Mutter sind, könnte das eine Selbsthilfegruppe für alleinerziehende Mütter sein. Wenn Angeln Ihre Leidenschaft ist, finden Sie vielleicht Ihren neuen „besten Freund“ im Anglerverein. Als fitnessbegeisterte Frau könnte Ihre neue „beste Freundin“ im Fitness-Studio zu finden sein oder als Trekkie (Star-Trek-Fan) im Star-Trek-Fanclub der Nachbarstadt. Gemeinsame Interessen und mehr noch – gemeinsame Werte – sind ein wichtiger Schlüssel für gute Beziehungen, ganz besonders für feste Freundschaften.

Wie Sie Ihre beste Freundschaft initiieren können

In zahlreichen einschlägigen Zeitschriften kann man nachlesen, wie man eine neue Frau aufreißt oder frau zu einem neuen Mann kommt. Doch mal ehrlich: „Wie oft haben Sie einen Artikel gefunden, der Ihnen hilft, eine echte, dauerhafte, nicht sexuelle Freundschaft zu jemandem aus dem eigenen Geschlecht aufzubauen? Darum hier ein paar Tipps hierzu.

Wie Sie eine neue „beste Freundschaft“ initiieren können:

- Seien Sie ein „bester Freund“! Säen Sie das in einen Menschen aus, was Sie selbst zu ernten wünschen.
- Wenn der Moment gekommen ist und Sie sich etwas näher kennengelernt haben, zum Beispiel bei einem gemeinsamen Kaffeetrinken oder bei einem Bier in der Kneipe um die Ecke, trauen Sie sich zu sagen, was Sie wollen. Sprechen Sie Ihr Ziel klar, aber unaufdringlich an. Erwarten Sie nicht sofort eine Antwort, sondern bitten Sie Ihr Gegenüber, darüber zu schlafen und nachzudenken. Schließlich wollen Sie keinen neuen „besten Freund“, der nach vier Wochen wieder die Flucht ergreift. Halten Sie ein „Nein“ zu Ihrer Freundschaftsanfrage aus. Die sozialen Netzwerke machen uns das ja heutzutage sehr leicht.

Fast täglich erhalte ich „Freundschaftsanfragen" aus Facebook. Dazu kann ich „Freundschaftsanfrage annehmen" oder „ablehnen" anklicken. Natürlich wissen wir alle, dass es sich hierbei nicht um die Qualität von Freundschaft handelt, von der ich hier schreibe. Darum ist es emotional auch viel anstrengender, eine echte „Freundschaftsanfrage" zu starten.

- Definieren Sie für sich selbst vorab den Rahmen einer neuen Freundschaft. Quantifizieren Sie ihn. Wie oft wollen Sie sich mit Ihrem Freund treffen? Was würden Sie gerne mit ihm unternehmen? Wo wären für Sie die Grenzen? Wenn Sie mit einer klaren Vorstellung zu einer Person gehen, kann diese viel klarer verstehen, was Sie sich vorstellen. Dann erst wird sie in der Lage sein, Ihre Anfrage zu beantworten. Würden Sie mich fragen und mir dabei zu verstehen geben, dass Sie es gut fänden, wenn wir einen Abend im Monat etwas zusammen unternähmen, hätte ich zumindest nicht mehr die ungewisse Angst im Nacken, durch mein Mich-darauf-Einlassen nun vielleicht jeden Abend jemanden in mein Wohnzimmer aufnehmen zu müssen. Mit anderen Worten: Ich wüsste, wozu ich „Ja" sage. Es ist wie im Restaurant. Je klarer Ihre Bestellung ist, desto sicherer erhalten Sie, was Sie wirklich wollen. Lautet Ihre Bestellung hingegen so: „Ich möchte etwas zu essen!", könnte der Ober Ihnen ebenso ein geschmiertes Brot bringen wie ein Sechs-Gänge-Menü. Wahrscheinlich gingen Sie enttäuscht aus dem Restaurant. Darum: Werden Sie sich klar, was Sie von einer echten Freundschaft erwarten, und kommunizieren Sie die wichtigsten Punkte. Andere unwesentlichere Wünsche können Sie im Verlauf Ihrer nächsten Treffen nach und nach ins Gespräch bringen. Seien Sie nicht enttäuscht, wenn nicht alle Ihre Wünsche in Erfüllung gehen. Schließlich gibt es den Weihnachtsmann nicht. Flexibilität und Toleranz sind für jede echte Freundschaft Grundvoraussetzungen.

- Selbst wenn die ersten Personen Ihnen „nein“ sagen sollten, ist das kein Beinbruch. Die Ehrlichkeit Ihrer Gegenüber erspart Ihnen tiefergehende Enttäuschungen, die auftreten, wenn sich jemand erst nach längerer Zeit von Ihnen zurückzieht. Dann lieber kurz und schmerzarm.
- Idealisieren Sie nicht. Es gibt keinen perfekten Menschen. Je näher Sie jemanden kennen, desto mehr Fehler und Schwächen werden Sie finden – bei jedem! Halten Sie das aus und ertragen Sie es. Ja, mehr noch, schützen Sie solche Dinge, indem Sie sie eben nicht vor anderen bloßlegen. Ein echter Freund steht mir bei und trägt auch Fehler mit. Bedenken Sie, wenn eine Freundschaft an einer Person mit Fehlern scheitern würde, würden alleine sie jede Freundschaft unmöglich machen. Und so wie Sie macht jede Person Fehler und hat Schwächen.
- Halten Sie Ihren Freund nicht für Gott! Es gibt Menschen, die klammern. Sie lassen dem Freund oft nicht mehr die Luft zum Atmen. Dieses Klammern ist ein Ausdruck für große innere Unsicherheit. Jede psychosozial gesunde Persönlichkeit wird vor solchen Personen einen gewissen Abstand wahren und nicht als „bester Freund“ zur Verfügung stehen. Das ist eine gesunde Maßnahme des Selbstschutzes. Wenn Sie dazu neigen, zu „klammern“, gehen Sie dagegen an. Weder ein „bester Freund“ noch der Ehepartner oder sonst irgendeine Person auf dieser Welt kann Ihnen das geben, was Sie suchen. Das finden Sie nur bei Gott (siehe letztes Kapitel).
- Haben Sie bereits einen Ehepartner oder gar eine Familie, dann sollten diese bei der Wahl Ihres neuen Freundes beteiligt sein. Ihr Ehepartner sollte in jedem Fall diese neue Freundschaft begrüßen. Bestehen hier Ablehnung oder Antipathien, lassen Sie es. Ihre Ehe ist in jedem Fall die wichtigste Beziehung zu anderen Menschen. Sie darf durch niemanden gefährdet werden!

Auch Ihre Kinder sollten die neue Freundin/den neuen Freund mögen. Sie müssen zwar nicht zustimmen, doch würde ich immer wollen, dass ein Freund auch in meiner Familie ein willkommener und gerne gesehener Gast ist.

Zeit ist der entscheidende Faktor

Keine Beziehung kann ohne diesen Faktor wachsen. Jede Freundschaft wird maßgeblich hierdurch gebaut. Verbringen Sie regelmäßig Zeit miteinander: Qualitäts-Zeit (Quality Time = **QT**).
Mit den meisten meiner Freunde habe ich beruflich regelmäßig zu tun. Doch haben wir entdeckt, dass das zu wenig ist. Wir beschlossen, uns mit unseren Ehepartnern achtmal jährlich zu treffen. Als Gastgeber unserer **QT** wechseln wir uns ab. Es gibt immer ein Abendessen und dann viel Zeit zum Erzählen. Übrigens lassen wir an diesen Abenden berufliche Dinge meist außen vor.
Darüber hinaus versuche ich, mit meinen Freunden natürlich auch einzeln Zeit zu verbringen. Mit einem spielte ich so manche Runde Schach in einem Lokal. Mit einem anderen gehe ich gerne ins Kino. Wir haben einen ähnlichen Geschmack. Mit mehreren befreundeten Familien haben wir schon Silvester- Abende verbracht oder einen Herr-der-Ringe-Tag gemacht (12 Stunden Heimkino!). Da gab es einmal eine Billigreise in die Türkei oder den gemeinsamen Besuch einer Konferenz. Was könnten Sie mit Ihren Freunden unternehmen?
Beantworten Sie sich doch einmal folgende Frage: „Mit wem werde ich meine Zeit verbringen, wenn die Kinder groß und aus dem Haus sind?"
Nehmen Sie sich Zeit, hierüber nachzudenken.
Fällt Ihnen jemand ein? Dann beginnen Sie – falls Sie es nicht

schon tun – damit, Zeit mit dieser Person zu verbringen. Sprechen Sie mit diesem Menschen darüber und finden Sie heraus, ob Ihr Anliegen ein Echo erhält. Findet Ihr Gegenüber die Idee auch gut, mehr und regelmäßig Zeit mit Ihnen zu verbringen, dann planen Sie miteinander.

Stecken Sie zuerst die Grenzen fest:

- Wie häufig wollen Sie sich jährlich treffen?
- Welche Zeiten sind grundsätzlich günstig/ungünstig?
- Wie würden Sie die Zeiten gerne miteinander verbringen? Gibt es gemeinsame Hobbys oder einen Sport, dem Sie beide gerne nachgehen oder sich anschauen?

Gibt es etwas, das Sie vielleicht schon immer gerne einmal machen wollten, was sich aber bisher nie ergab? Vielleicht einen Kurs auf dem nahe gelegenen Golfplatz, den Flugschein für ein Kleinflugzeug oder einfach einen bestimmten Kurs der Volkshochschule?
Zu zweit traut man sich viel eher, etwas Neues zu wagen. Und wenn sich herausstellt, dass es sich doch nicht wirklich so gut anfühlt, wie man dachte, hat man immer noch eine gemeinsame neue Erfahrung, die einem niemand mehr rauben kann. Bedenken Sie, solche „Schützengrabenerfahrungen" schweißen oft für ein ganzes Leben lang zusammen.

Ein Baum steht im Wald am sichersten

Niemand von uns weiß, was das Leben noch bringt. Keiner sucht sich die Katastrophen seines Lebens selbst aus. Solche Dinge treffen einen in der Regel völlig unvorbereitet und unfair. Ein geliebter Mensch stirbt, die Aktien rauschen in den Keller oder die Diagnose des Arztes ist buchstäblich umwerfend.

Haben Sie einmal eine ländliche Gegend nach einem schlimmen Sturm gesehen? Als bekennendes „Landei“ habe ich dieses Vergnügen immer wieder einmal. Während in den Wäldern selbst nur wenig geschieht, haut es immer wieder alleinstehende Bäume um. Obwohl viele in den Wäldern selbst nicht stärker sind als die, die es außerhalb entwurzelt hat, so haben Sie doch den entscheidenden Vorteil. Alle Bäume um sie herum haben ihre Wurzeln in solcher Weise durch die Jahrzehnte miteinander verbunden, dass sie nichts mehr aus ihrer Verankerung herausheben kann. Außerdem stützen sich die Kronen und Stämme gegenseitig und verhindern, dass ein Sturm sie bricht.
Wir sind als soziale Wesen geschaffen und abhängiger von Beziehungen, als wir es oft wahrhaben wollen. Seien Sie weise. Wählen Sie sich die Beziehungen, die es wert sind, in sie zu investieren. Neben Ihrem Partner, Ihren Kindern und Ihren Eltern sind das vor allem Freunde. Viele von ihnen werden sich mit den Jahren und Jahrzehnten auf wundervolle Weise mit Ihnen verbinden.
Freunde sind Menschen, die Sie dazu machen! Also fangen Sie damit an.

QT mit Freunden:

Machen Sie den ersten Schritt:

1. Welche alten Freundschaften würden Sie gerne re-aktivieren? Wie und mit wem wollen Sie beginnen?

2. Welche Personen gleichen Geschlechts hielten Lebenskrisen mit Ihnen durch, ohne von Ihrer Seite zu weichen?

3. Wo könnten Sie einen neuen „besten Freund" finden (Hobby, Sport, Interessen, Werte)?

4. Wem könnten Sie aktiv ein bester Freund sein? Was könnten Sie konkret tun?

5. Definieren Sie den Rahmen für eine solche Freundschaft, vor allem quantitativ. Die Qualität der Beziehung wird durch gemeinsam verbrachte Zeit von selbst zunehmen.

6. Was würden Sie gerne mit einem „besten Freund" oder einer „besten Freundin" zusammen unternehmen? Machen Sie sich eine Liste.

7. Ich empfehle, beste Freunde ausschließlich unter dem eigenen Geschlecht zu suchen. Erfahrungen zeigen allerorts, dass eine gemischte „beste Freundschaft“ viel zerstörerische Kraft entfalten kann, gerade im Bezug auf die Ehen beider Parteien. Wenn Ihnen also Ihre Ehe etwas bedeutet, setzen Sie klare Prioritäten. Selbst wenn eine Freundschaft zum anderen Geschlecht schon lange besteht und auch immer harmlos war, kann sich dies zu jeder Zeit ändern. Die Scheidungsbücher sind voll von solchen Geschichten. Da man mit „besten Freunden“ über wirklich alles reden können sollte, kommt hier nur eine gleichgeschlechtliche Beziehung infrage. Alles andere ist nicht weise und letztlich ein Fass Dynamit, auf dem sich niemand wohlfühlen sollte.

Quality Time

mit beruflichem Hintergrund

Für manch einen ist es eine nur zu berechtigte Frage: „Will ich überhaupt QT mit Personen von meiner Arbeit?"
Sicher wird die Antwort nicht in jedem Fall „Ja" lauten.
Insbesondere die eigene soziale Kompetenz und die des anderen sind eine wichtige Voraussetzung, um eine fruchtbare QT am Arbeitsplatz haben zu können.
Ist diese beiderseits vorhanden, sind die Weichen so gut wie gestellt.
In diesem Bereich kann QT in mindestens drei Varianten erfolgen:
- Mit Ihrem Chef oder Vorgesetzten
- Mit einem Kollegen
- Mit einem Mitarbeiter (Untergebenen)

Dementsprechend unterschiedlich sind die möglichen Zielsetzungen. Darum schauen wir uns die drei Bereiche etwas näher an.

QT mit Ihrem Chef

Im Idealfall ist Ihr Vorgesetzter erfahrener, kompetenter und hat größeren Einfluss als Sie. Mir ist bewusst, dass dies leider oftmals nicht der Fall ist, so mancher eine Stufe zu weit befördert wurde und als Führungskraft eher eine zweitklassige Figur abgibt. Da solche Zeitgenossen jedoch ohnehin kaum zu dem Personenkreis gehören, mit dem Sie eine QT haben möchten, vernachlässigen wir diesen Typus bewusst.

Tatsächlich liegen die Ziele für eine QT mit einer guten Führungskraft genau in den drei vorgenannten Bereichen:

Sie wollen von dieser Person und ihrer Erfahrung lernen
Es ist wesentlich intelligenter, aus den Fehlern anderer zu lernen, als sie erst alle selbst zu machen. Auch wenn eine Führungskraft nicht automatisch ein guter Lehrer ist, können Sie durch geschickte Fragestellungen so manches Gold des Erfahrungsschatzes Ihres Vorgesetzten für sich verfügbar machen. Menschen, die ehrliche, interessierte Fragen stellen, hat man gerne um sich. Solange das in einem gewissen Rahmen bleibt, empfindet man sie als angenehme Zeitgenossen und antwortet gerne.

Sie wollen in Ihren Kompetenzen zunehmen
Kompetenz ist einer der großen Schlüssel, um beruflich weiterzukommen. Natürlich hat Ihr Chef nicht die Zeit, Ihnen täglich Nachhilfestunden für Ihr Fachgebiet zu geben. Doch kann er hier als Mentor und Förderer entscheidende Impulse geben.
- Welche Bücher sollten Sie als Nächstes lesen?
- Welche Seminare sollten Sie besuchen?
- Welche Weiterbildungsmaßnahmen bietet das Unternehmen intern an?
- Wo könnten Sie sich innerbetrieblich oder auch in anderen Unternehmen zum Beispiel durch eine Hospitation weiterentwickeln?

Sie wollen vom Einfluss Ihres Vorgesetzten profitieren
Es geht hier ganz sicher nicht um „Einschleimen“. Integre Führungspersonen erkennen das schnell und werden solche Personen eher auf Abstand halten, als sie zu fördern oder gar zu befördern. Ist Ihrem Chef hingegen klar, dass er selbst, so wie Sie,

von solch einer **QT** profitieren kann, wird er in der Regel sehr offen dafür sein.

Ihr Chef profitiert dadurch ...

... dass Sie ihm eine ehrliche Rückmeldung darüber geben, was in seiner Abteilung, seinem Bereich, seiner Geschäftsstelle oder seinem Unternehmen so vor sich geht. Wo Mängel bestehen oder durch kleine Veränderungen die Produktivität maßgeblich erhöht werden kann.

... dass Sie selbst sich durch diesen Mentoring-Prozess weiterentwickeln und Ihren Job besser erledigen oder ihn sogar von Aufgaben entlasten können.

... dass Sie wichtige Haltungen, Ideen, Konzepte und Einsichten in Ihrem Umfeld multiplizieren.

Natürlich handelt es sich hier nicht um das Anschwärzen von Kollegen oder gar darum, Spion für den Chef zu spielen. Gemeint ist eine echte Hilfestellung durch Aufzeigen von Missständen, Kommunikations-Hindernissen und Missverständnissen, die Vorgesetzte oft nicht wahrnehmen.

Durch solche **QT** mit Ihrem Vorgesetzten entsteht meist ein besseres Vertrauensverhältnis. Im Laufe der Zeit wird für ihn erkennbar sein, ob Sie es ernst meinen und sich wirklich weiterentwickeln wollen.

Wie gehen Sie mit seinen Buchempfehlungen um? Lassen Sie sich darauf ein? Wie vertrauenswürdig sind Sie mit persönlichen Informationen, die in solchen Gesprächen nie auszuschließen sind? Behalten Sie sie für sich oder spricht am nächsten Tag die ganze Abteilung darüber?

In vielen Fällen wird Ihr Vorgesetzter über den Einfluss verfügen, Sie zu befördern, zur Beförderung vorzuschlagen oder an eine andere Stelle zu versetzen. In anderen Fällen, wo das nicht gegeben ist, kennt Ihr Chef aber vielleicht jemanden gut, der Ihre Karriere maßgeblich fördern würde, wenn Ihr Vorgesetzter ein Wort für Sie einlegen würde. Selbst die frühere Information für eine interne Stellenausschreibung, die er Sie wissen lässt, kann ein entscheidender Vorteil sein, den Sie nicht unterschätzen sollten.

Als ich als Vertriebs- und Kommunikationstrainer in einer großen deutschen Krankenversicherung arbeitete, hatte ich einen solchen Vorgesetzten. Dieser Mann war in jeder Hinsicht brillant. Er war ein hervorragender Stratege, Visionär und Kommunikator. Durch sein Privatvermögen hatte er es überhaupt nicht nötig zu arbeiten. Er tat es, weil es ihm Spaß machte, und was er auch anpackte, tat er mit Vortrefflichkeit. Ich fragte ihn damals, ob er für eine gewisse Zeit mein Mentor sein wollte. Nachdem er meine Erwartungen abgeklopft und mir seine Grenzen klargemacht hatte, begannen wir unsere **QT**. Ich habe durch diesen Mann unendlich viel gelernt, was ich bis heute anwende, ja längst selbst geworden bin. In einer Zeit, wenige Jahre später, als ich den Ruf Gottes in den vollzeitlichen pastoralen Dienst empfand, geschah etwas Interessantes. Nur wenige Monate vor meiner Kündigung erhielt ich von meinem Mentor (und kurze Zeit später von seinem Vorgesetzten) Angebote für einen großen Karrieresprung innerhalb des Unternehmens. Es waren zwei verschiedene Führungspositionen auf höheren Leiterebenen, die man mir mit den Worten anbot: „Herr Trümper, wenn ich Sie hierfür vorschlage, wird dieser Vorschlag nicht abgelehnt werden!"

Wie gesagt hatte ich zu dieser Zeit einen anderen Ruf vernommen und konnte somit diesen verlockenden Angeboten nicht mehr nachgehen.

Ich erzähle diese Begebenheit, weil ich glaube, dass sie einer normalen Beziehung entspricht, wie sie sehr viele Menschen durch **QT** mit ihrem Vorgesetzten haben können. Durch diese **QT** entsteht (vorausgesetzt, bei beiden Partnern handelt es sich um werteorientierte, integre Persönlichkeiten mit einer gewissen sozialen Kompetenz) Vertrauen und ein klareres Bild meines Gegenübers. Motivationen werden klar, und es entsteht eine Atmosphäre der gegenseitigen Wertschätzung und des Respekts. Im optimalen Fall ist es eine Win-win-Beziehung, also eine normale Beziehung, bei der jeder Beteiligte etwas mitnimmt.

Fragen Sie

Bevor Sie in ein solches QT-Treffen mit Ihrem Chef gehen, bereiten Sie sich gut darauf vor. Ihr Vorgesetzter soll spüren, dass Sie seine kostbare Zeit sehr schätzen.

Bereiten Sie Fragen vor und scheuen Sie sich nicht, Ihre Notizen in die QT mitzunehmen. Es wird als Ausdruck Ihrer Wertschätzung empfunden.

Stellen Sie Fragen wie:

- Wie wirke ich auf Sie?
- Welche Stärken nehmen Sie bei mir wahr?
- Welche Schwächen sehen Sie bei mir?
- In welchen Kompetenzbereichen sollte ich mich weiterentwickeln?
- Wo nehmen Sie blinde Flecken an mir wahr?
- Wo sehen Sie mein Potenzial?
- Wo können Sie mich in zwei Jahren sehen?
- Was müsste ich tun, um die Stelle XY zu bekommen?
- Bitte geben Sie mir Feedback für das von mir verantwortete Projekt X oder die Aufgabe Y.

Halten Sie es aus, wenn Ihr Chef Dinge benennt, die Ihnen erst einmal absurd vorkommen. Statt eines „Das sehe ich aber anders ..." oder „Das stimmt so nicht ..." fragen Sie nach. Stellen Sie W-Fragen, die ausführliche Antworten erlauben, ohne Rechenschaft zu fordern.

Fragen Sie „Was führt Sie zu dieser Annahme?“ oder „Was hätte ich anders tun sollen?“. Jeder Mensch hat „blinde Flecken“, also Schwachstellen in seinem Leben, derer er sich nicht bewusst ist. Darum meiden wir auch oft Menschen, die diese Bereiche benennen. Doch wenn Sie sich weiterentwickeln möchten, sind Vermeidungsstrategien fehl am Platz. Stellen Sie sich der Herausforderung und unterstellen Sie Ihrem Chef nur guten Willen.
Ohne Veränderung verändert sich nichts!
Wenn Sie immer nur das tun, was Sie immer getan haben, werden Sie auch in Zukunft immer nur das haben, was Sie immer gehabt haben – oder weniger!
Damit sind Sie übrigens im Einklang mit dem Großteil unserer Bevölkerung.
Darum gilt auch:
Wer immer nur das tut, was alle tun, wird auch immer nur das haben, was alle haben.
Ist es das, was Sie wollen? Sicher nicht, sonst hätten Sie dieses Buch schon längst aus der Hand gelegt.
Sie wollen Veränderung! Es gibt vermutlich keinen Bereich, wo Sie so nachhaltig und erfolgreich Veränderungen installieren können wie in sich selbst. Da Ihre Umgebung immer auf Sie reagiert, reagiert sie auch auf Ihre Veränderungen, und zwar mit verändertem Verhalten.Es wird Auswirkungen haben, wenn Sie sich charakterlich weiterentwickeln und fachlich mehr Kompetenz anstreben. Wenn Sie an Ihrer Kommunikation arbeiten und sich in neue Bereiche investieren, wird möglicherweise der Tag kommen, wo Ihr Vorgesetzter Sie mit anderen Augen sehen wird. Weil Sie sich verändert haben, bietet er Ihnen eine neue, bessere Stelle an oder empfiehlt Sie weiter.
Gegen den Strom zu schwimmen ist niemals leicht. Doch wenn Sie nicht länger haben wollen, was alle haben, dann steigen Sie

aus und verändern Sie sich. Letztlich verändern Sie dadurch Ihre ganze Welt.

Klare Regeln

Wenn Sie Ihren Chef auf **QT** ansprechen, vereinbaren Sie klare Regeln mit ihm. Abgesprochene Grenzen sind sehr wichtig, um ihm die Angst zu nehmen, dass der Umfang seine zeitlichen Möglichkeiten sprengen könnte.
Wenn Sie zum Beispiel zwei- bis dreimal jährlich ein solches Gespräch anstreben, wird Ihr Chef eher dazu geneigt sein, als wenn er das Gefühl hat, Sie wollten am liebsten wöchentlich einen Nachmittag mit ihm verbringen.
Kommen Sie auch bei der Wahl des Ortes Ihrem Vorgesetzten entgegen. Es muss ja nicht immer sein Büro sein. Wie wäre es mit einer ruhigen Ecke nachmittags in der Kantine oder während einer gemeinsamen Dienstreise?

QT mit einem Mitarbeiter

Selbst wenn Ihr Vorgesetzter dafür nicht offen ist, seien Sie offen für **QT** mit Ihren Mitarbeitern.

Saat und Ernte

Das Prinzip von Saat und Ernte ist ein Naturgesetz. So wie das Gesetz der Schwerkraft immer funktioniert, so verhält es sich ebenfalls mit dem Gesetz von Saat und Ernte. Was immer ich aussäe, werde ich als Vielfaches ernten. Menschen, die im Kleinen betrügen, indem sie sogenannte „Notlügen" erzählen, die Steuer oder Versicherungen betrügen oder einfach durch Übertreibungen die Wahrheit dehnen, erleben schließlich immer früher oder später,

dass ihnen mit gleicher Münze heimgezahlt wird, nur im multiplizierten Maß.
Auf der anderen Seite werden Sie Menschen kennen, die in Bereichen ihres Lebens großzügig und uneigennützig waren. Beobachten Sie deren Leben. Sie erhalten es vielfach zurück. Obgleich Ausnahmen die Regel bestätigen, habe ich nur selten Ausnahmen beobachtet. Viel zu selten, um mit ihnen rechnen zu wollen.
Wenn Sie also wollen, dass jemand in Sie investiert und Sie fördert, dann investieren Sie in jemand anderen und fördern Sie ihn, so gut Sie können.

Ein Nebeneffekt

„Führen lernt man nur durch Führen!" ist ein Merksatz, den ich seit vielen Jahren bewahrt habe. Ich durfte Dutzende von Führungskräften ausbilden und trainieren. Sie alle begannen dann, als Führungskraft zu wachsen, wenn sie damit begannen, andere aktiv zu führen. Führungskraft wird man nie durch Bücher oder Seminare, obwohl die dabei durchaus hilfreich sind. Es ist die Umsetzung des Gelernten in der Praxis.
Die Beratung eines Mitarbeiters in Schwierigkeiten, das aktive Coachen, das Führen von Zielvereinbarungsgesprächen und die Evaluation der tatsächlichen Umsetzung tragen dazu bei, dass eine Führungskraft in verschiedenen Kompetenzbereichen wächst.
Verlassen Sie sich darauf: Wenn Sie anderen **QT** schenken, werden auch Sie davon profitieren. Vermutlich viel mehr, als Sie ahnen.

Vertrauen ist wesentlich

Viele Betriebe kranken an ständigem Misstrauen. Das geht von den großen Fragen wie „Wird mein Standort nächstes Jahr geschlossen?" oder „Wie sollen wir mit 20 Prozent weniger Personal

dieselbe Leistung erbringen?" bis hin zu den kleinen Reibereien und Mobbing-Attacken auf einzelne Mitarbeiter, die letztlich das ganze Betriebsklima vergiften und Misstrauen säen.
Schaffen Sie es stattdessen, diese Entwicklung umzukehren, wird alleine das die Produktivität und Zufriedenheit maßgeblich erhöhen. Das wird nicht lange unbemerkt bleiben.

Es bleibt ein Risiko

Vertrauen lebt vom Vorschuss und vor allem von der Grundhaltung: „Der andere will das Richtige tun und ist nicht grundsätzlich bösartig." Dass Sie mit dieser Haltung Enttäuschungen erleben werden, möchte ich nicht verschweigen. Dennoch kenne ich keine echte Alternative dazu. Wenn Sie den Vertrauenslevel erhöhen wollen, kommen Sie nicht daran vorbei, sich hierauf einzulassen.
Das Risiko hierbei ist, dass Sie sich verwundbar und angreifbar machen. Es wird immer Menschen geben, die das für sich ausnutzen werden. Doch erfahrungsgemäß ist der Anteil derer, die durch ein solches Vertrauensvorbild selbst inspiriert werden und einem solchen Verhalten großen Respekt entgegenbringen, wesentlich größer.
Schlimmstenfalls kann mich ein solches Verhalten sogar meine Position kosten oder den schnellen Aufstieg in eine bessere Position verhindern. Doch selbst in solch einem Fall werden mittelfristig meine Echtheit und meine Integrität dafür sorgen, dass meine Vorgesetzten mich weiterbringen.
Professor Wolfgang Mewes, der Erfinder und Entwickler der Engpasskonzentrierten Strategie (EKS), einer der klassischen Betriebswirtschaftslehre gegenüber stehenden alternativen Strategie, belegt diese Aussagen mit zahlreichen Beispielen. Statt der Gewinnmaximierung steht hier der Dienst am Kunden im Mittel-

punkt. Die Überzeugung, dass durch echtes Dienen mittelfristig auch gutes Verdienen erfolgen wird, haben international erfolgreiche Unternehmen wie Kärcher oder Town & Country Haus, sowie unzählige kleine und mittelständische Betriebe mit eindrücklichen Zahlen belegt.

Ihr Vorbild führt

Überzeugendes Führen geschieht in erster Linie durch Vorbild. Wenn Ihre Mitarbeiter bei Ihnen sehen oder mitbekommen, dass Sie freiwillig **QT** mit Ihrem Vorgesetzten pflegen, wird ihre Bereitschaft zunehmen, sich auch auf so etwas einzulassen.

In einer Zeit, wo die gängigste Zielsetzung der Betriebswirtschaft „Gewinnmaximierung" ist, also mit so wenig Aufwand wie möglich den größtmöglichen Gewinn zu erzielen, und sich Angestellte und Arbeiter oft nur als austauschbare Produktionsfaktoren fühlen, ist ein Umdenken in entscheidenden Wertefragen oft unumgänglich, um die Plattform für **QT** im Betrieb zu schaffen. Dass das leider selten von der Betriebsleitung ausgeht, ist zwar tragisch, doch kein Ausschlusstatbestand.

Tatsächlich inszenieren und kreieren Sie zum großen Teil Ihr Leben und Ihre Umgebung. Dieses Verständnis von „Ich-AG" kann dazu beitragen, dass die von Ihnen geleitete Abteilung ein anderes Führungsverhalten an den Tag legt als die Nachbarabteilungen.

Beobachten allerdings Ihre Vorgesetzten mittelfristig, dass Ihre Abteilung weniger Krankmeldungen hat, mehr Produktivität aufweist und ein höheres Maß an innovativen Verbesserungsvorschlägen eingereicht hat als andere, besteht eine nicht unwesentliche Möglichkeit, dass nach Ihrem Führungsmodell gefragt wird und es unter Umständen ganz oder teilweise auch in den anderen Abteilungen Einzug hält.

Mit Kollegen

Auch wenn Ihr Kollege von heute vielleicht Ihr Chef von morgen ist, gibt es erst einmal keine Garantie dafür, dass Sie direkt von **QT** mit Kollegen profitieren werden.
Doch kann es andere Gründe geben, die dafür sprechen, solche Zeiten zu vereinbaren:

1. Gegenseitiges Coachen. Sich mit einem Kollegen auszutauschen, der ein ähnliches Aufgabenfeld hat wie Sie, kann dazu führen, voneinander zu lernen.
2. Einander Feedback geben. Das Feedback eines Kollegen kann Ihnen blinde Flecken aufzeigen und Sie dabei unterstützen, eigenes Verhalten zu ändern oder zu optimieren. Gleichzeitig fordern Sie sich selbst heraus, die Dinge, die Sie bei Ihrem Gegenüber beobachtet haben, selbst besser zu machen.
3. Vertrauen aufbauen. Wie schon gesagt, verbessert ein Anheben des Vertrauenslevels in einer Gruppe oder Abteilung letztlich das gesamte Betriebsklima. Warum immer warten, bis etwas von oben kommt? Sie können direkt an der Basis mit wichtigen Veränderungen beginnen und sofort davon profitieren.

Nicht jeder will

Wie auch in den anderen beiden Ebenen wird nicht jeder begeistert davon sein, Zeit mit Ihnen zu verbringen. Vor allem dann nicht, wenn das auch noch außerhalb der Arbeitszeit geschehen soll.
Bei einigen wird es echte Zeitknappheit sein, die es verhindert. Andere jedoch werden durch ihre Ängste und Unsicherheiten, also durch fehlendes Vertrauen, davon abgehalten werden. Auch hier wird letztlich Ihr eigenes Vorbild am lautesten reden. Schaffen Sie es, eine **QT** mit einem Kollegen für eine gewisse Zeit erfolgreich zu installieren, werden wahrscheinlich andere Kollegen neugierig und

wollen wissen, woher die persönlichen Verhaltensveränderungen und das Vertrauen kommen. Wundern Sie sich dann nicht, wenn Sie es schließlich sind, die von weiteren Kollegen um solche **QT** angefragt werden.

Nicht mit jedem!

Besonders in diesem Bereich betrieblicher **QT** empfehle ich ausdrücklich, **QT** nur mit dem gleichen Geschlecht zu verbringen. Bei Vorgesetzten oder Mitarbeitern wird sich das in der Regel nicht durchsetzen lassen, da hier **QT** letztlich eine innerbetriebliche Förderungsmaßnahme darstellt, die doch größtenteils in der Arbeitszeit stattfindet. Hier sollte natürlich niemand aufgrund seines Geschlechts benachteiligt sein.
Bei **QT** mit einem Kollegen/einer Kollegin hingegen geht es zu einem großen Teil um die Intensivierung einer persönlichen, wenn auch hauptsächlich dienstlich ausgerichteten Beziehung. Stehen Sie in einer Ehe oder festen Partnerschaft, sollten Sie hier nur gleichgeschlechtliche Beziehungen eingehen, um Ihre Partnerschaft nicht zu gefährden. Erfahrungen zeigen zuhauf, dass gerade in kollegialen Beziehungen ein hohes Gefährdungspotential für Partnerschaft, Ehe und Familie liegt. Zu viele Menschen haben das schon schmerzlich am eigenen Leib erfahren. Lernen Sie aus deren Fehlern. Der Preis eines Versagens auf diesem Gebiet ist einfach zu hoch.

Der Zeitrahmen

Hier ist der Zeitrahmen einfach der, dem beide Beteiligten zustimmen. Warum nicht einmal im Monat oder zweimonatlich beginnen und schauen, wie es sich entwickelt? Gut eignet sich die Zeit direkt nach Feierabend, wo man vielleicht noch gemeinsam zu Abend essen geht. Bereiten Sie sich auch hierfür gut vor und

notieren Sie sich Fragen, die Sie Ihrem Gegenüber gerne stellen wollen. Am Ende des Gesprächs sollte immer ein Maßnahmenplan stehen. Nennen wir ihn hier einfach „Hausaufgaben". Vereinbaren Sie schriftlich ein bis drei Maßnahmen, die jeder von Ihnen bis zur nächsten **QT** umgesetzt haben wird, und besprechen Sie das dann auf dem nächsten Treffen.
Solche Maßnahmen können – ähnlich wie die bei den anderen betrieblichen **QT** – Dinge sein wie:

- das Lesen eines bestimmten Buches
- der Besuch eines Volkshochschulkurses
- die Teilnahme an einem bestimmten Seminar oder einer betrieblichen Weiterbildung
- das Antrainieren eines anderen/besseren Verhaltens gegenüber Kunden, Vorgesetzten oder Kollegen
- das Ausprobieren einer neuen Technik beim Verkaufsgespräch, einer Präsentationsmethode oder einer Arbeitstechnik

Einer oder mehrere?

Wenn Sie erfolgreich einige Male eine solche **QT** durchlebt haben, ist es denkbar, einen weiteren Kollegen mit dazu einzuladen. Wichtig ist nur, dass in diesen Treffen keine Betriebsausflugsatmosphäre Einzug hält. Das wäre kontraproduktiv für den Arbeitsprozess und wäre letztlich keine **QT** im eigentlichen Sinne mehr.
Wie würde wohl eine Firma aussehen, wenn alle Abteilungsleiter auf freiwilliger Basis solche Zeiten miteinander pflegen würden? Utopie, denken Sie? Vielleicht. Doch was, wenn Sie einfach den ersten Schritt gehen und schauen, was sich daraus entwickelt? Sie würden auf diese Weise eine Art des Qualitätsmanagements installieren, die das meiste, das diesen Namen trägt, weit überträfe.
Geben Sie dem Wort „Ich-AG" eine ganz neue Bedeutung. **QT** im Betrieb wird immer Vertrauen fördern, Ermutigung bringen und

Produktivität und Qualität erhöhen. Da das Ganze ohne Druck von außen geschieht, entfallen die sonst bekannten Randerscheinungen wie Burnouts, Depressionen, hoher Krankenstand und Frustration. An die Stelle dieser unerfreulichen und unproduktiven Dinge tritt nun die überproportionale, persönliche Weiterentwicklung des einzelnen Mitarbeiters. Sowohl die fachliche wie auch die soziale Kompetenz nehmen dramatisch zu und lassen schließlich oft sogar die Ergebnisse professioneller Bildungszentren hinter sich. Das Ergebnis lässt sich am besten mit dem Begriff „psychosoziale Gesundheit" umschreiben. Diese gilt als der Schlüsselfaktor für die begehrtesten Mitarbeiter und Führungskräfte unserer Zeit und stellt laut dem Zukunftsforscher Leo A. Nefiodow („Der sechste Kondratieff") das wichtigste Merkmal künftiger Führungskräfte erfolgreicher Unternehmen dar. Seien Sie dabei!

QT am Arbeitsplatz:

Machen Sie den ersten Schritt:

1. Mit wem können Sie sich eine **QT** am ehesten vorstellen (Chef, Kollegen oder Mitarbeiter)?
2. Mit welcher Person möchten Sie beginnen?
3. Welche Ziele sind Ihnen hierfür besonders wichtig?
4. Wie gehen Sie die Sache konkret an?
5. Was wünschen Sie sich selbst im Bezug auf **QT** bei Ihrer Arbeitsstelle am allermeisten? Was können Sie tun, um das in andere zu investieren/auszusäen, was Sie selbst in Zukunft ernten wollen?

Quality Time

mit sich selbst

Sicher kennen Sie die Aussage „Wer nicht selbst genießt, ist selbst nicht genießbar". Das gilt für einige Dinge und ganz besonders für Qualitätszeiten. Denn, wenn Sie es sich selbst nicht wert sind, bewusst Zeit mit sich zu verbringen, also sich Zeit für sich zu nehmen, warum sollten Sie dann anderen von Ihrer kostbaren Zeit etwas schenken? Nicht, dass das nicht möglich wäre. Im Gegenteil. Es geschieht sogar recht häufig. Nur sind die Motive dann eher unschöner Natur. Menschen mit einem co-abhängigen Persönlichkeitsbild oder Personen, die durch ihre Hilfsbereitschaft selbst Liebe und Anerkennung aus ihren „Opfern" ziehen, verschenken ihre Zeit, ihre Hilfsbereitschaft und oft auch Geld. Jedoch fühlen sich die, die eine gesunde Sozialisierung erlebt haben, hier zu Recht manipuliert und für deren Zwecke missbraucht. Denn wenn Sie versuchen, einer solchen Person zu helfen, ihr etwas zu schenken, ihr Zeit zu widmen, wird sie es in aller Regel nicht annehmen können.

Ich möchte Sie ermutigen und herausfordern, ganz bewusst Zeit für sich selbst einzuplanen.

QT mit mir selbst haben verschiedene Zielrichtungen, etwa:

- Lebensziele festlegen und verfolgen
- Planung
- Pflege des eigenen Körpers durch Bewegung und Ernährung
- Entspannung
- Kreatives Nachdenken
- Genießen
- Regenerieren

Es geht darum, einen proaktiven Lebensstil zu pflegen. Also nicht nur auf meine Umgebung zu reagieren, sondern aktiv zu agieren. Nur so kann ich mein Leben aktiv selbst gestalten.
Wenn Sie beruflich sehr eingebunden sind und/oder Kinder haben, sage ich Ihnen nichts Neues, dass Sie sich oft so fühlen, als sei das ganze Ziel Ihrer Existenz einfach das, den laufenden Tag mit all den Verpflichtungen und Anforderungen lebendig zu überstehen.
Burnout ist heute längst keine Managerkrankheit mehr. Personen aus allen Lebensbereichen brechen mit den bekannten Symptomen der Erschöpfung zusammen und brauchen in der Regel Jahre, um sich wieder zu erholen.
Ein – wenn auch nicht der einzige – Grund für Burnout ist das Fehlen der Lebensbalance. Die Instrumentalisierung von Menschen, die zum Beispiel durch Worte wie „Führungskraft“ oder „Arbeitskraft“ zum Ausdruck kommt, führt zu einer ungesunden Gleichmacherei und Austauschbarkeit von sehr unterschiedlichen und wertvollen Persönlichkeiten, die wir alle sind. Das immer komplexer werdende Leben mit stetig steigenden Erwartungen und der immerwährenden Lernbereitschaft, die von jedem Einzelnen gefordert wird, lassen mehr und mehr Menschen am Leben verzweifeln.
Vielleicht erinnern Sie sich noch dunkel an das Bild von älteren Menschen aus der Vergangenheit. Vielleicht denken Sie da an Ihren Vater oder Großvater, der Pfeife rauchend im Schaukelstuhl auf der Veranda saß oder der nachdenkliche, lange Spaziergänge machte.
Diese Generation scheint ausgestorben. Das Leben ist schnell geworden und scheint von uns einen Langstreckenlauf in Spurtgeschwindigkeit zu fordern. Niemand hält das lange durch.

Wo ist Ihr Schaukelstuhl?

Sie ahnen schon, dass ich hiermit nicht das Möbelstück meine, obgleich es natürlich genau das für Sie sein könnte.
Wo ist der Ort und wann ist die Zeit, an der Sie die Seele – nicht baumeln lassen – sondern besser gesagt pflegen können?
Obgleich Flexibilität ja immerzu gefordert wird, lieben wir Menschen Rituale.
Die Tasse Cappuccino am Morgen, die Tageszeitung im Zug oder die Tagesschau um 20 Uhr. Welches Ritual könnten Sie einführen, um zu einer **QT** mit sich selbst zu kommen?
Da wir alle unterschiedliche Lebenssituationen haben und sich auch unser Lebensrhythmus häufig von dem des anderen unterscheidet, gibt es nicht „den einen richtigen Weg". Vielmehr gilt es, durch eigene Kreativität einen Weg zu finden oder zu erfinden und in Ihrem Leben zu installieren, der zu Ihnen passt.
Darum hier nur ein paar Vorschläge, die Ihre Gedanken zu weiteren Überlegungen anregen sollen:

- Einmal die Woche oder einmal im Monat zur selben Zeit am selben Tag im gleichen Café eine ein- bis zweistündige **QT** mit sich selbst.
- Ein halbstündiger Spaziergang jeden Morgen vor der Arbeit. Vielleicht schaffen Sie sich ja einen Hund als Disziplinierungsgehilfen an. Dann machen Sie diesen Spaziergang garantiert jeden Tag zweimal.
- Mehrmals die Woche eine halbe Stunde laufen gehen. Entweder mit Hörbuch zum Entspannen oder ohne Knopf im Ohr zum Ordnen der Gedanken.
- Nach Feierabend mit dem Auto auf einen Waldparkplatz fahren und dort eine Stunde über die eigene Lebensplanung nachdenken oder an der Lösung eines Problems arbeiten.

- Ein bis zweimal jährlich für ein Wochenende oder auch mal eine ganze Woche in ein Kloster oder ein Hotel fahren, um dort eine **QT** mit sich selbst zu haben. Hierzu nehmen Sie gut vorbereitete Fragen und die Unterlagen Ihrer Lebensplanung mit.

Sie ahnen schon, hier gibt es eine unendliche Vielfalt an Möglichkeiten und diese paar Punkte sind nur wenige Beispiele von dem, wie eine **QT** mit sich selbst aussehen kann. In meinem Leben unterscheide ich zwischen drei Arten von **QT** mit mir selbst:

1. Dreamdays
2. Rituale
3. Ich-Zeiten

1. Dreamdays

Viermal im Jahr reserviere ich mir einen halben bis einen ganzen Tag, an dem ich mich zurückziehe, um über mein Leben nachzudenken. Ich tue das schriftlich und überarbeite meine Lebensziele regelmäßig.

Um einen solchen Prozess überhaupt zu beginnen, empfehle ich das Buch „Dem Leben Richtung geben“ von meinem vielfach für sein Unternehmertum und seine Mitarbeiterführung ausgezeichneten Freund Professor Dr. Jörg Knoblauch, Johannes Hüger, einem der besten Trainer und Berater, die ich je erlebt habe, und dem Bestseller-Autor und Coach Marcus Mockler. Dieses Buch ist ein Arbeitsbuch mit zahlreichen Arbeitsblättern, das Sie auf vortreffliche Weise dazu führen wird, Ihre eigene Lebensvision und Ihre Lebensziele zu formulieren und anzugehen.

Kurz gesagt geht es darum, die Lebensbalance langfristig sicherzustellen. Darum sollten Sie an den vier wichtigsten Bereichen ihres Lebens aktiv arbeiten:

- Beruf
- Familie
- Gesundheit
- Spiritualität

Als Mensch, der Geist ist, eine Seele (mit Willen, Verstand und Gefühl) besitzt und in einem Körper lebt, benötigen wir einen ganzheitlichen Lebensansatz. Über die ersten beiden Bereiche habe ich ausführlich geschrieben. Für den Bereich „Gesundheit" gibt es eine Fülle an Fachliteratur, die uns zeigt, wie wir uns ernähren und bewegen sollten, um langfristig körperlich und seelisch gesund zu bleiben. In meinem noch unveröffentlichten Buch „Brillant Leben" bin ich auch auf diesen Bereich ausgiebiger eingegangen. Auf den spirituellen Bereich komme ich im letzten Kapitel dieses Buches zu sprechen.

Beginnen Sie Ihre erste QT mit sich mit drei Zielen

Nehmen Sie sich am Anfang nicht zu viel vor. Starten Sie mit folgenden Zielen:

- Die Erstellung oder Überarbeitung Ihrer Lebenszielplanung.
- Die Planung des nächsten Quartals für alle Lebensbereiche (bis zum nächsten **QT**-Termin mit sich selbst)
- Das Nachdenken über offene Fragen. Sie können diese Fragen zum Beispiel auf Karten oder Blätter schreiben (bitte sehr groß, am besten mit einem dicken Filzstift) und sie nach Beginn Ihres Dreamdays auf dem Boden vor sich ausbreiten.

Träumen Sie!

Ich habe auch schon ein ganzes Wochenende „Dreamtime" in einem Kloster verbracht, um mir über Verschiedenes klar zu werden. Von anderen weiß ich, dass sie eine ganze Woche oder länger in einem Hotel oder Ferienhaus am Meer verbrachten, um zu träumen. Genau darum geht es bei dieser Art der **QT** mit sich selbst. Steigen Sie aus dem reaktiven Alltag aus und beginnen Sie, Ihr Leben aus anderen Blickwinkeln zu sehen. Graben Sie in Ihrem eigenen Herzen nach den verschütteten Träumen. Ziehen Sie alte Hoffnungen und sogar einige kindliche Wünsche und Vorstellungen wieder zurück an die Oberfläche. Fragen Sie sich mit Ihrer inzwischen gewonnenen Reife und Lebenserfahrung, was von diesen Dingen es verdient, wiederbelebt zu werden. Und dann erwecken Sie diese wieder und erheben Sie sie in den Rang von Lebenszielen. Schließlich geben Sie ihnen die Gestalt von konkreten Maßnahmen, die Ihnen helfen werden, diese neuen Ziele in die Tat umzusetzen. Oft sind es nur kleine Richtungsänderungen, die Sie aus solchen Zeiten mitbringen werden. Doch bedenken Sie, dass sich auch geringste Richtungsänderungen auf einem langen Lebensweg massiv auswirken werden. Ginge ich mit einem Kompass mehrere Tausend Kilometer nur ein Hundertstel fehl, würde ich meinen Zielort um Hunderte von Kilometern verfehlen und niemals ankommen.

Doch wird es – gerade in den ersten Dreamdays – zu sehr wichtigen und grundsätzlichen Richtungsentscheidungen kommen. Ich wundere mich immer wieder, wie viele Menschen nie eine klare Richtungsentscheidung getroffen haben. Sie wurden durch ihre Herkunft, Schulbildung oder ihren Lehrberuf in jungen Jahren auf ein Gleis gesetzt und haben es nie hinterfragt oder verlassen. Vielleicht ging es Ihnen so wie mir. In einer Zeit, wo Sie selbst weder Wissen noch Plan noch Überblick hatten, besorgte man Ihnen eine Ausbildung und wenn Sie nicht aufpassen, fahren Sie auf dieser Lebensspur bis zur Rente. Doch in der Zeit von heute bis dahin und auch danach können Sie Dinge ändern. Finden Sie heraus, was für Sie wirklich wichtig ist. Welche Begabungen und Fähigkeiten haben Sie? Was motiviert Sie? Welcher Persönlichkeitstyp sind Sie?

Was sind Ihre Werte? Welches Potenzial steckt noch in Ihnen? Was machen Sie besonders gut und gerne?
Alle diese Fragen helfen Ihnen, über Ihr bisheriges Leben hinauszudenken. Fragen Sie Menschen, die Sie gut kennen. Bitten Sie sie, Ihnen ehrliche Rückmeldung zu oben genannten Fragen zu geben. Das hilft Ihnen, blinde Flecken zu erkennen und so Ihre Lebensziele stimmig zu formulieren.

Wählen Sie Zeit und Ort!
Zu Dreamtimes bleibe ich in der Regel nicht zu Hause. Ich wechsle ganz bewusst den Ort, um eben von anderen Seiten auf mein Leben zu blicken. Neue Blickwinkel bringen manchmal größere Klarheit oder zeigen Fehler auf. Hierzu im Auto auf einem Waldparkplatz zu verweilen kommt bei mir ebenso vor, wie mehrere Stunden in einem Schnellrestaurant oder einem Café zu verbringen.
Finden Sie Zeit und Ort, die für Sie passen. Da der größte Gegner für eine erfolgreiche Zielplanung die „lange Bank" ist, könnten Sie gleich bei Ihrem ersten Dreamday mit sich selbst damit beginnen, die Dreamdays und anderen **QT**s (zum Beispiel mit Partner, Kindern, Eltern, Familie und sich selbst) für die nächsten 12 bis 15 Monate festzulegen. Das wäre ein optimaler Anfang.

2. Rituale

Wir Menschen lieben Rituale. Auch wenn die einen davon mehr benötigen als andere, gibt es wohl keinen Menschen, der sich ganz ohne Rituale wohl fühlt. Durch Rituale fühlen wir uns sicher und geborgen. Rituale helfen uns, die nötigen Dinge des Alltags anzugehen, auch wenn wir keine Lust dazu haben.
Rituale haben sich oft so in unseren Tagesablauf eingenistet, dass wir sie bewusst gar nicht mehr wahrnehmen. Achten Sie doch nur

einmal darauf, welchen Fuß Sie morgens zuerst auf den Fußboden aufsetzen, wenn Sie aufstehen. Es ist wahrscheinlich immer der gleiche. Mit welchem Bein schlüpfen Sie zuerst in die Jeans? Welchen Socken ziehen Sie zuerst an? Was tun Sie als Erstes, wenn Sie ins Badezimmer gehen oder wenn Sie die Küche betreten? Genau, es sind fast immer die gleichen Dinge. Es sind Gewohnheiten, ja mehr als das – es sind Rituale.
Manche Menschen schlagen Morgen für Morgen in der Tageszeitung zuerst die Todesanzeigen auf, um zu sehen, ob jemand gestorben ist, den sie kennen. Andere schlurfen noch vor der Morgentoilette in die Küche und schalten die Kaffeemaschine ein. Wieder andere schlüpfen noch vor dem allen in die Laufschuhe und joggen ihre allmorgendliche halbe Stunde, um richtig wach zu werden. Sie sehen schon, wir alle haben Rituale, doch unterscheiden diese sich mitunter extrem voneinander. Während meine Frau, in ein dickes Kissen geschmiegt, schnell ihren Schlaf findet, bette ich meinen Kopf zum Einschlafen neben das Kissen, weil ich so am schnellsten zur Ruhe komme. Ähnlich und doch sehr verschieden.
Gestatten Sie sich selbst auch bei den bewussten Ritualen diese Freiheit. Was für den einen ideal ist, funktioniert für den anderen überhaupt nicht.

„Erlauber"-Rituale

Erinnern Sie sich noch daran, wenn Sie als kleines Kind von Ihren Eltern etwas besonders Schönes erlaubt bekamen. Vielleicht eine Süßigkeit beim Bäcker oder das Spielengehen mit einem Freund ausnahmsweise vor der Erledigung der Hausaufgaben. Solche Zugeständnisse waren Höhepunkte Ihrer und meiner Kindheit. Vielleicht geht es Ihnen so wie mir manchmal. Da sind so viele Dinge zu tun. Gute Dinge. Wichtige Dinge. Da ist der herausfordernde Beruf, der

Ehepartner mit seinen Erwartungen, die Kinder, der Haushalt, die Verpflichtungen gegenüber Eltern, Geschwistern, Freunden. Da ist die Garage, der Keller, der Speicher, der Schuppen, der Garten, die dringend aufgeräumt, renoviert oder repariert werden müssten. Ganz zu schweigen vom Auto, dem Haustier, dem Verein, in dem Sie sich ehrenamtlich engagieren. Diese Liste könnte noch weitergeführt werden.
Denken wir nur an Dinge wie Inspektionen, Steuererklärungen, das ständige Prüfen, ob nicht gerade wieder irgendwo ein paar Euro zu sparen wären, wenn man Strom-, Gas- oder Versicherungsanbieter wechseln würde.
Sie ahnen inzwischen sicher, worauf ich hinauswill. Egal wie fleißig Sie sind, die Wahrheit ist: Sie werden niemals an den Punkt kommen, an dem Sie feststellen: Es ist alles erledigt. Jetzt kann ich mich ausruhen. Als Gott den Sabbat bzw. für die Christen den Sonntag festlegte, wusste er ganz genau, was er tat. Aus beruflichen Gründen ist es vielen Menschen nicht mehr möglich, den Sonntag generell arbeitsfrei oder gar beschäftigungsfrei zu halten. Erinnern Sie sich bitte an die Studie unter Jugendlichen, von denen ich im zweiten Kapitel schrieb: Wenn sich schon die junge Generation in ihrer Powerzeit als „müde" beschreibt, wie steht es dann erst mit Menschen älterer Jahrgänge? Mal ehrlich, erkennen Sie sich da nicht ein Stück weit wieder?

Erlauben Sie!

Heute, als erwachsene Menschen, haben wir nicht mehr unseren Vater und unsere Mutter, die uns Dinge erlauben oder verbieten. Wir sind da angekommen, wonach wir uns den Großteil unserer Kindheit gesehnt haben: Wir dürfen (in unserer arbeitsfreien Zeit) tun und lassen, was wir wollen. Doch ist es nicht so, dass die Rolle unserer Eltern längst andere übernommen haben? Ich meine

damit alle die Verpflichtungen, Verantwortlichkeiten und Umstände in unserem Leben.
Das Problem hierbei ist nur: Diese Dinge halten uns permanent beschäftigt. Da wir sie nie ganz erledigen können, geben sie uns auch niemals frei.
Diesen Dauerstress hält unser Körper und auch unsere Seele oft nicht lange aus. Wenn wir die rapide ansteigenden Burnout-Zahlen sehen oder die Zunahme an depressiven Erkrankungen. Wenn wir bedenken, dass heute etwa 80 Prozent aller Erkrankungen überhaupt psychosomatischen (also seelischen) Ursprungs sind, dann wird uns klar, dass viele Menschen das Tempo unserer Zeit nicht mehr mithalten können. Sie steigen aus oder besser gesagt, ihr Körper oder/und ihre Seele steigt aus.

Die Prävention

Heute, als gereifte Persönlichkeit, haben Sie die Möglichkeit, sich, durch dieses Buch inspiriert, selbst „Erlauber" zu gewähren.
Beginnen Sie damit, sich Dinge zu notieren, die Sie gerne machen, bei denen Sie sich entspannen und die zu Ihrer Erholung beitragen. Ich meine Dinge wie: ein warmes Bad genießen, Schokolade essen, ins Kino gehen, gemütlich einen Cappuccino in Ihrem Lieblingscafé zu sich nehmen, sich massieren lassen, einen Spaziergang machen, in einem guten Buch lesen, Ihre Lieblingsserie anschauen oder ein Fußbad nehmen.
Wenn Sie die Liste fertig haben, wählen Sie zwei oder drei Dinge davon aus und dann planen Sie Ihr ganz persönliches „Erlauber"-Ritual.
Nach meinen Beispielen könnte das dann so aussehen:

- Am Sonntag mache ich am frühen Abend einen ausgiebigen Spaziergang.

- Jeden Donnerstag nach der Arbeit verbringe ich eine volle Stunde in meinem Lieblingscafé bei einer Tasse Cappuccino.
- Jeden Samstagnachmittag gönne ich mir ein warmes Bad und nehme mir dafür 90 Minuten frei.

Vielleicht denken Sie jetzt, das sei ja nicht wirklich viel. Möglicherweise haben Sie solch einen Standard längst in Ihrem Leben installiert. Dann herzlichen Glückwunsch! Dieses Kapitel ist dann für Sie lediglich eine Bestätigung. Meiner Beobachtung nach gehören Sie damit jedoch zu einer Minderheit. Die meisten Leser dieses Buches werden sich eher wenig oder selten etwas gönnen. Erinnern Sie sich: Wer nicht genießen kann, ist auch nicht genießbar. Unbewusst führen viele Menschen das Erbe der Nachkriegsgeneration in moderner Gestalt weiter. Statt dem Wiederaufbau und dem Wirtschaftswunder Deutschlands, die deren besten Jahre und ganze Kraft verschlungen haben, sind es heute moderne Technologien und die „überall Erreichbarkeit“, die unsere Kraft und Zeit auszusaugen drohen.
Steigen Sie aus dieser Tretmühle aus. Machen Sie sich bewusst, dass der Zeitpunkt, an dem Sie genug Zeit zur Entspannung haben werden, wahrscheinlich niemals kommt. Auch Rentner erleben das meistens nicht. Leben Sie heute! Leben Sie jetzt! Niemand ist so daran interessiert, dass es Ihnen langfristig gut geht und sich Ihr Leben in Balance befindet, wie Sie es sein sollten.
Darum handeln Sie. Gewähren Sie sich „Erlauber“, die Ihr Leben im gesunden Gleichgewicht halten. Produktivität und Effizienz, auf die wir alle getrimmt sind und für die Deutschland in der ganzen Welt bekannt ist, sind eben nicht alles.
Betrachten Sie sich selbst als eine Langfristanlage. Sie sollen ein Leben lang funktionieren und dazu braucht es Ruhephasen und „Erlauber“. Ritualisierte „Erlauber“ sorgen dafür, dass Sie nicht

ständig wieder aus diesem gesunden Lebensstil herausfallen. Aber Vorsicht! Um eine Gewohnheit wie ein solches Ritual zu installieren, braucht es acht bis zwölf Wochen. Erst danach ist dieses Ritual fester Bestandteil Ihres Lebens. Bis dahin werden Rituale und Routine Ihres bisherigen Lebens versuchen, die „Erlauber"-Rituale wieder zu verdrängen.

Disziplinierungsgehilfen

Vor vielen Jahren kauften meine Frau und ich uns einen großen Hund. Er musste groß genug sein, um mindestens einmal täglich außerhalb unseres Hofes ausgeführt zu werden. Iris und ich, wir wussten schon damals um unsere Bequemlichkeit und darum, wie ungern wir uns an der frischen Luft bewegten, wo es doch so viel in Haus und Büro zu tun gab und gibt. Doch entschieden wir uns damals, regelmäßig zu joggen und auch sonst durch Spaziergänge an der frischen Luft zu sein.

So fand unser erster Berner-Sennen-Rüde Ben den Weg zu uns. Er war ein gezielter Disziplinierungsgehilfe, der uns half, unsere guten Entscheidungen dauerhaft umzusetzen. Heute haben wir bereits den vierten Berner in Folge in unserem Haushalt und es funktioniert noch immer. Hund sei Dank treiben wir regelmäßig Sport und verbringen so Zeit an der frischen Luft.

Warum nehmen Sie sich nicht einen oder zwei Disziplinierungsgehilfen, die für Sie das Gleiche tun können wie Ben, Josef, Rocky und Huan (unsere vier Hunde) für uns? Also einen Freund oder Mentor, der Sie wenigstens die ersten drei Monate an Ihre Entscheidung erinnert und Sie immer mal wieder darauf anspricht. So stellen Sie sicher, dass Ihre guten Entscheidungen auch den Ansturm des Alltags überleben, bis sie in Ihnen stark genug geworden sind, um Ihnen dauerhaft eine Quelle der Kraft und Entspannung zu sein.

3. Ich-Zeiten

Lieben Sie sich?

In der Bibel gibt es eine vielzitierte Aussage von Jesus Christus. Als ihn religiöse Experten fragten, welches denn das wichtigste aller Gebote sei, war die Antwort von Jesus scheinbar sehr einfach. Ja, sie klang nahezu banal. Man sollte lediglich Gott von ganzem Herzen lieben und außerdem seinen Nächsten, wie sich selbst. Jesus ging so weit zu sagen, dass hierin das ganze jüdische Gesetz erfüllt würde (also die zehn Gebote mit den hiervon abgeleiteten über 600 Vorschriften und Tausenden von auslegenden Kommentaren). Dass das den Pharisäern und Schriftgelehrten, die ja ihr ganzes Leben dem Studium all dieser Schriften widmeten, sauer aufstieß, ist nicht weiter verwunderlich.

Es war nicht weniger als eine Revolution. Heute hört man in allen christlichen Kirchen und Einrichtungen sehr viel darüber, Gott zu lieben und den Nächsten zu lieben. Was eher selten zu hören ist, ist der dritte Teil des Liebesgebotes, nämlich, sich selbst zu lieben. Tatsächlich ist, „den Nächsten zu lieben wie mich selbst" ja überhaupt nur möglich, wenn ich mich selbst liebe. Wahr ist, dass kaum einer das je gelernt hat. Egoismus, eine degenerierte Art der Selbstzentrierung, hat meist wenig mit Selbstliebe zu tun. Denn vieles, was Egoismus hervorbringt, ist zerstörerisch, letztlich auch für den, der ihn auslebt.

Beobachten Sie beispielsweise, wie sich die Beziehung eines Paares entwickelt, wenn einer der Partner Egoist ist. Zuerst hat er vielleicht die besseren Karten, setzt seinen Willen fast immer durch und bekommt mehr ab als der Partner. Der Preis ist dann aber auch sehr hoch. Die Beziehung verliert ihre Freude, ihren Frieden und das Paar entwickelt sich zunehmend voneinander weg. Das Ende ist meistens eine Scheidung oder ein Bruch der Beziehung. Mich selbst zu lieben ist hingegen vielmehr die in

unserem Grundgesetz festgehaltene Wahrheit, dass alles erlaubt ist, solange es einen anderen nicht schädigt.
In einer Gesellschaft, die oft von Extremen geleitet wird („alles oder nichts", „lieber tot als Zweiter"), ist es häufig ein Lernprozess, in dem wir lernen, wie wir uns selbst lieben können.

Was tut Ihnen gut?
Diese Frage ist der Beginn des Weges, sich selbst lieben zu lernen. Und noch einmal: Nur wer genießen kann, ist für andere genießbar.
Was genießen Sie? Wobei entspannen Sie sich? Was motiviert Sie? Motivationsforscher haben herausgefunden, dass Menschen, die nur zehn Prozent ihrer Zeit mit Dingen verbringen, die sie motivieren, ganzheitlich wesentlich glücklicher leben. Ich erinnere mich an einen Trainerkollegen und Buchautor, der in einem Seminar, das ich besuchte, hierüber sprach. Als Beispiel nannte er seine Frau. Sie hatten Kinder, um die sie sich zu kümmern hatte, und einen großen Haushalt. Da ihr Mann viele Tage beruflich unterwegs war, blieb fast alles an ihr hängen. Sie baute dabei mehr und mehr ab und verlor zunehmend ihre Lebensfreude.
Als ihr Mann das bemerkte und sie darüber sprachen, dass nichts von dem, was sie tat, ihr Erfüllung oder Freude brachte, äußerte seine Frau eine Bitte: „Bitte arbeite einen Tag pro Woche weniger und lass mich an diesem Tag Kindern Musikunterricht geben." Er stimmte zu. Diese ohnehin schon voll beschäftigte Frau verbrachte von da an einen vollen Tag pro Woche damit, Kindern Musikstunden zu geben. Obwohl ihr nun noch weniger Zeit für all die anderen Arbeiten zur Verfügung stand, verwandelte sich diese Frau zu einer fröhlichen und unbeschwerten Person, der die andere Arbeit viel leichter von der Hand ging als früher, als sie mehr Zeit dafür hatte.

Manchmal bedeuten „Ich-Zeiten" tatsächlich, kleine Änderungen im beruflichen Rahmen vorzunehmen, die die Lebensfreude zurückkehren lassen. Welche Änderung würde Ihnen dabei helfen?

Die kleinen Dinge sind entscheidend

Sie wissen nun, dass „sich selbst lieben" nichts mit Egoismus zu tun hat. Ich lasse andere nicht für mein Vergnügen zahlen. Vielmehr hebe ich meinen Freudepegel, um anderen ein besserer Partner, Freund, Elternteil oder Mitarbeiter zu sein. Es ist immer ein Spiel, in dem beide gewinnen.

Welche kleine Sache würde Ihnen Freude bereiten?

Meine Frau Iris ist eine vielbeschäftigte Person. Drei Kinder, ein großer Haushalt, halbtags angestellt, ehrenamtlich sehr aktiv und dann noch ihr Psychologie-Studium über eine Fernuniversität. Ab und zu kommt sie zu mir und bittet um eine „Ich-Zeit". In ihrem Fall bedeutet das, sie möchte einfach in unser Auto steigen und für ein paar Stunden wegfahren.

In dieser Zeit kümmere ich mich um Kinder und Haus. Sie fährt dann in der Regel in eine nahegelegene Stadt, macht etwas Shopping und sitzt eine Weile in einem Café. Wenn sie zurückkommt, strahlt sie meistens und zeigt mir stolz, was sie in den Einkaufstüten mit nach Hause gebracht hat. Sie braucht diese Zeiten nicht sehr oft. Nur ein paarmal im Jahr. Doch sind sie Ausdruck davon, sich selbst zu lieben, und sie regeneriert hierbei jedes Mal.

Ich regeneriere im Winter gerne in unserer Badewanne. Eine ganze Stunde kann ich es darin aushalten. Musik, ein interessantes Magazin und ein gut riechendes Badeöl reichen schon aus, um mich selbst zu lieben.

Die fünf Sprachen der Liebe

Der amerikanische Ehetherapeut Gary Chapman schrieb vor einigen Jahren den Bestseller „Die 5 Sprachen der Liebe“, dem zahlreiche Folgebücher zu diesem Thema folgten. Chapman stellt hier fünf verschiedene Liebessprachen vor. Eine Liebessprache ist etwas, das der Person, die sie spricht, das tiefe Gefühl vermittelt, geliebt zu werden. Gerade in Partnerschaften ziehen sich Gegensätze an. Hier ist es sehr häufig zu beobachten, dass Ehepartner gegensätzliche Liebessprachen sprechen. Da jeder dem anderen unbewusst in seiner eigenen Liebessprache seine Wertschätzung ausdrückt, geschieht es häufig, dass der „Liebestank“ beider Ehepartner so weit abnimmt, bis er gänzlich leer ist. Lerne ich hingegen, wie ich die Liebessprache meines Partners spreche, kann ich auf diese Weise leicht seinen Liebestank füllen. Obwohl es eigentlich darum geht, die Liebessprache des anderen zu lernen, eignen sich Chapmans Bücher sehr gut auch dazu, meine eigene Liebessprache zu definieren und dann dafür zu sorgen, dass ich mir selbst „gut-tue“.

Die fünf Liebessprachen sind:

1. Lob und Anerkennung
2. Geschenke
3. Hilfsbereitschaft
4. Zweisamkeit (im Englischen „Quality Time“!) und
5. Zärtlichkeit (zum Beispiel Sex)

Die meisten Menschen sprechen zwei oder drei dieser Liebessprachen. Wichtig: Es geht nicht darum, ob sie uns gefallen, denn das tun wahrscheinlich alle fünf. Es geht darum, ob ich mich geliebt fühle, wenn mir jemand auf diese Weise begegnet. Diese Liebessprachen entstammen normalerweise unserer Kindheit

und haben oft direkt damit zu tun, wie unsere Eltern oder andere wichtige Personen in unserem Leben uns ihre Liebe ausgedrückt haben.
Ich empfinde zum Beispiel besonders durch Geschenke und Zärtlichkeit, dass ich geliebt bin. Bei meiner Frau sind es Hilfsbereitschaft und Zweisamkeit. Bevor ich das verstanden habe, machte ich meiner Frau oft die teuersten Geschenke und war dann immer wieder enttäuscht, wenn sie sich nicht so darüber freute, wie ich es erwartete. Gleichzeitig nahm ich ihre Bitten nach kleinen Reparaturen im Haushalt oft nicht so ernst und schob das meiste davon auf die lange Bank. Die Folge hiervon war, dass sie sich nicht geliebt fühlte.
Ich selbst habe die Sprache der Hilfsbereitschaft inzwischen so weit gelernt, dass ich Bitten meiner Frau nach Haushaltsreparaturen innerhalb von Stunden oder höchstens Tagen ausführe. Da ich montags meinen freien Tag habe, werden spätestens dann alle anfallenden Aufgaben von mir erledigt.
Lob und Anerkennung ist sehr leicht zu lernen. Man konzentriert sich einfach auf das Gute und lässt das Schlechte oder noch-nicht-ganz-so-Gute einfach stehen. Wenn Ihr Kind an einem Tag eine fünf und eine zwei als Noten mit nach Hause bringt, dann zeigen Sie ruhig kurz Ihre Traurigkeit wegen der schlechten Note. Doch verwenden Sie wenigstens doppelt so viel Zeit darauf, Ihr Kind für die Zwei zu loben. Seien Sie sicher: Dadurch werden Sie Ihr Kind mehr ermutigen und motivieren, auch im anderen Fach besser zu werden, als wenn Sie ständig auf der negativen Note herumreiten. Hat Ihre Frau die Suppe mit zu viel Salz versehen, doch der Nachtisch ist dafür umso mehr gelungen, verlieren Sie kein Wort über die Suppe (Ihre Frau schmeckt ja selbst, dass sie versalzen ist). Stattdessen schwärmen Sie von dem fantastischen Dessert. Hierdurch werden Sie ihr Wertschätzung und Liebe ausdrücken und

sie wird sich das nächste Mal ganz sicher noch mehr Mühe mit der Suppe geben.

Sprechen Sie Ihre eigene Liebessprache

Es ist sehr wichtig, die Liebessprache Ihres Partners zu sprechen. Doch ist es auch sehr entscheidend, dass Sie Ihre eigene Liebessprache sprechen.

Ich kenne Menschen, die sich gerne selbst Geschenke machen. Was hindert Sie daran, sich eine neue DVD oder Blu-ray Disc als Geschenk verpackt bei Amazon.de zu bestellen? Was hindert Sie daran, sich einen schönen Blumenstrauß von Fleurop liefern zu lassen? Warum nicht mit einem Budget von 50 Euro losziehen und einen bewussten Lustkauf ausführen oder sich einfach mal so eine besonders hochwertige Tafel Schokolade genehmigen?

Ich kenne Personen, für die Zweisamkeit sehr wichtig ist, die sich regelmäßig mit ihrem Partner für ein Wochenende in ein schönes Hotel zurückziehen.

Ich weiß von anderen Personen, die sich ein jährliches Budget für Dessous eingeräumt haben, weil er die Liebessprache der Zärtlichkeit spricht und sich gerne von ihr überraschen lässt.

Wenn „Lob und Anerkennung" für Sie Liebessprache ist, umgeben Sie sich bewusst immer wieder mit Menschen, die Sie schätzen und die Ihnen das auch sagen. Ermutigen Sie insbesondere Ihren Partner dazu, Ihnen ab und zu solche bestätigenden Worte zu sagen, wie:

- „Du bist der beste Ehemann."
- „Du bist die beste Frau, die ich mir vorstellen kann."
- „Ich bin so stolz auf Dich, wie Du Deinen Alltag meisterst."
- „Ich finde es so klasse, dass Du Monat für Monat treu und zuverlässig auf Deiner Arbeit bist und dafür sorgst, dass es Deiner Familie finanziell gut geht."

Ja, viele von uns müssen diese Art zu denken und zu reden bewusst lernen, da wir anders aufgewachsen sind und gelehrt wurden, die Aufmerksamkeit eher auf das Negative zu richten. Vielleicht waren die Gedanken zu den „5 Sprachen der Liebe" für Sie hilfreich. Vielleicht das, was ich zuvor über die kleinen entscheidenden Dinge gesagt habe. Oder einfach die Frage, was Ihnen guttut. Damit aus all den Gedanken jetzt für Sie etwas Praktikables herauskommt, ermutige ich Sie auch hier, einen ersten Schritt zu machen.

QT mit sich selbst:

Machen Sie den ersten Schritt:

1. Für wann terminieren Sie sich Ihre erste Dreamtime (Datum, Zeitrahmen, Ort)?
2. Wie oft wollen Sie sich eine Dreamtime gönnen?
3. Welche Rituale sollten Sie in Ihrem Leben ausprobieren?
4. Wie könnte ein Disziplinierungsgehilfe Sie dabei unterstützen? Wer könnte das sein?
5. Was sind Ihre Liebessprachen?
6. Wann hatten Sie zum letzten Mal eine Ich-Zeit?
7. Wie könnte eine solche Ich-Zeit für Sie aussehen? Wo könnte sie stattfinden? Wie oft? Was tun? Wann fangen Sie an?
8. Notieren Sie sich Ihre Gedanken hierzu und entwickeln Sie hieraus Ihr eigenes „**QT** mit mir“-Programm.
9. Denken Sie dabei immer daran, dass Sie es sich nicht nur selbst wert sind, sondern dass die Menschen in Ihrer Umgebung massiv davon profitieren, wenn Sie selbst ausgeglichen und motiviert sind. Wenn Sie sich pflegen und auch seelisch-emotional in Balance halten, sind Sie fitter und genießbarer für Ihre Familie, Freunde und Kollegen.

Quality Time

mit Gott

Dieses letzte Kapitel verdient eigentlich ein paar Hundert Seiten, um würdig behandelt zu werden. Da ich diesen Umfang hier nicht habe, möchte ich kurz und knackig – aber keinesfalls oberflächlich – hierzu ein paar hilfreiche Gedanken weitergeben.
Als Pastor bin ich ja sozusagen „Berufs-Christ“, auch wenn ich diese Bezeichnung nicht mag. Obwohl meine Eltern in meiner Kindheit Kirchenmitglieder waren und ich dementsprechend zu Weihnachten und zu anderen besonderen Anlässen die Kirche besuchte und auch sonst am üblichen Leben im kirchlichen System eines Dorfes teilnahm, wurde ich erst mit 20 Jahren wirklich Christ. Bis dahin nahm ich an, Gott sei nur eine Krücke für Schwache, Kinder und Alte. Als ich dann den Gott der Bibel persönlich kennenlernte, veränderte das so ziemlich alles in meinem Leben.

Gott statt Religion

Es gibt viele unterschiedliche Formen von Religion. Jede hat ihre eigene Geschichte und Werte. Ich möchte hier überhaupt nicht über Religion sprechen. Weder für die eine noch gegen eine andere. So spreche ich auch nicht über christliche Religion. Wenn ich über Gott oder Christsein spreche, so hat das nichts, aber auch überhaupt gar nichts mit christlicher Religion zu tun.

Religion meint Gesetze, Regeln, Verbote und Gebote. Hier steht die menschliche Leistung im Vordergrund, durch die man Gott gefallen, ihn besänftigen oder eben sich Dinge von ihm verdienen will. Wie zum Beispiel den Himmel oder ein gutes Leben. Das kann natürlich jeder gerne tun und dafür jede von ihm gewählte Form verwenden. Das ist aber nicht mein Thema.

Beziehung mit Gott

Ich diene Jesus Christus, der mit Gott dem Vater und dem Heiligen Geist die dreieinige Gottheit darstellt. Christsein nach biblischem Maßstab (und welcher andere Maßstab für Christsein sollte sonst Gültigkeit haben?) bedeutet eine lebendige, persönliche Beziehung eines Menschen zu Gott selbst. Im Gegensatz zu Religion beginnt Christsein nicht mit Sakramenten oder Formeln. Gott liebt jeden Menschen (jeder Religion) mit unaussprechlicher Liebe. Er liebt Menschen genau so, wie sie sind. Mit all ihren Fehlern und Schwächen. Doch liebt er die Menschen auch so sehr, dass er sie nicht so lässt, wie sie sind. Die Bibel verrät uns, dass Gott einen einzigartigen Plan mit jedem Menschen hat. Einen Plan für sein irdisches Leben und eine Ewigkeit in seiner Gegenwart an einem fantastischen Ort, den er Himmel nennt. Gott zu begegnen und Christ zu werden bedeutet, Gottes Vaterschaft über sich anzuerkennen und sich seiner Führung anzuvertrauen. Sie merken schon, das ist eine sehr lebendige Sache und keine tote Formalität. Menschen, die damit beginnen, Gott nachzufolgen, und die Bibel zu ihrem Lebensmaßstab machen, entwickeln sich ganz ohne „Du musst" oder „Du darfst nicht"-Gesetze sehr gesund. Solche Menschen lassen von ganz alleine bestimmte Dinge sein und beginnen, eine ganz neue Weise zu leben, die sich immer weiter in alle Lebensbereiche hin ausbreitet. Selbst wenn manches einem religiösem Verhalten ähneln kann, so ist es doch ganz anders motiviert und entstanden. Christlicher Lebensstil formt sich nicht durch Druck von außen, sondern durch Zug von innen. Der Teil der Gottheit, der als Heiliger Geist bezeichnet wird, zieht in die geistliche Realität eines Menschen ein, wenn dieser beginnt, Christus nachzufolgen. Dieser Heilige Geist ist wie ein himmlisches Navigationssystem. Dieses GPS gibt eine immer wieder erstaunliche Qualität an Führung von innen, an Erkenntnissen, an Freude und Frieden und vielem mehr. All das funktioniert durch eine persönliche Beziehung anstatt durch ein Regelwerk.

Gott begegnen

Ob Sie jetzt einer christlichen Religion anhängen, Buddhist oder Hinduist sind. Ob Sie Moslem sind oder irgendeiner anderen Religion angehören: Ich möchte Sie einladen, Jesus Christus persönlich kennenzulernen. Wenn das alles Humbug ist, was ich Ihnen hier erzähle, haben Sie nichts zu verlieren, wenn Sie es einfach ausprobieren. Wenn ich aber recht habe und dieser Christus wirklich existiert und etwas mit Ihrem Leben zu tun hat, dann können Sie aus dieser Beziehung ein Leben lang Kraft, Hoffnung, Freude und Erfolg ziehen. Gott zu begegnen ist nicht schwieriger als irgendeine andere Person näher kennenzulernen. Nur eine Sache ist zusätzlich nötig.

Jeder Mensch jeder Zeit, mit Ausnahme von Jesus Christus selbst, hat in seinem Leben Fehler gemacht. Wir haben vermutlich alle irgendwann gelogen, betrogen, üble Gedanken gehabt oder Menschen verletzt. Alle diese Dinge bezeichnet die Bibel als Sünde. Sünde ist wie eine riesige Mauer, die wir Menschen unbewusst zwischen Gott und uns errichtet haben. Gott liebt uns, doch hat er uns von Anfang an mit einem freien Willen geschaffen.

Er erlaubt uns zu sündigen. Doch schmerzt ihn, wie auch uns (wenn auch oft unbewusst) diese Trennung. Da Jesus freiwillig alle unsere Lebensschuld auf sich genommen hat, um uns den Weg zurück zum Vater im Himmel zu ermöglichen, ist es unsere Aufgabe, Gott um Vergebung zu bitten und unsere Lebensschuld bewusst auf Christus zu legen.

Tun wir das, sind wir wirklich und radikal befreit von Dingen, die oft unser ganzes Leben in immer engere Grenzen gebracht hat. Als Pastor habe ich es oft erlebt, dass, wenn Menschen diesen Schritt auf Gott zugegangen sind, echte Wunder geschehen sind. Depressionen, die jahrelang das Leben beengten, lösten sich auf. Hoffnungslosigkeit wich Sinn und Ziel, und selbst körperliche Gebrechen verschwanden durch die Kraft Gottes. Manchmal innerhalb von Sekunden.

Spätestens jetzt wissen Sie, das ich nicht von Religion spreche – richtig?

Machen Sie den Test. Sprechen Sie nachfolgendes Gebet laut und von ganzem Herzen aus. Wichtig ist, dass Sie mit dem Inhalt übereinstimmen, es also wirklich so meinen.

Hier ist das Gebet:

„Herr Jesus, ich glaube, dass Du Gottes Sohn bist. Ich glaube, dass Du auch für meine Sünden am Kreuz gestorben bist. Ich habe in meinem Leben Fehler gemacht. Bitte vergib mir meine ganze Lebensschuld. Du sollst von nun an der Herr meines Lebens sein! Ich will Dir nachfolgen. Bitte führe mich durch mein Leben. Lass Deinen Heiligen Geist mir dabei helfen, Deinen guten Plan für mein Leben zu finden und ihn zu erfüllen. Gib meinem Leben Sinn, Wert und Ziel und mache mich zum Segen für andere. Danke, dass ich jetzt ein Kind Gottes bin und einen Vater habe, zu dem ich immer kommen kann. Danke, dass Du mich liebst, mir vergibst und mein Leben heute ganz neu anfängt. Amen."

Die Macht des Einflusses

Vielleicht ist es Ihnen auch schon aufgefallen. Sie schauen sich eine Fernsehserie an und da laufen Dinge ab, die Sie innerlich ablehnen. Aus irgendeinem Grund schauen Sie sich die Serie jedoch weiterhin an. Vielleicht finden Sie den Hauptdarsteller sympathisch. Nach zehn oder zwanzig Folgen stören Sie die Zweideutigkeiten, über die Sie sich beim ersten Kontakt noch geärgert haben, kaum noch und nach weiteren zehn Folgen finden Sie sie vielleicht sogar schon lustig. Was ist geschehen? Jemand anderes – nämlich der, der das Drehbuch dieser Serie schrieb, oder der Regisseur, der sie inszenierte, hat seine Werte so lange auf Sie abregnen lassen, bis Sie sie – unbewusst – zu Ihren haben werden lassen. Es ist eine geschickte Art der Manipulation, der wir alle weitaus mehr ausgesetzt sind, als es uns bewusst ist.

Durch die modernen Medien entwickeln sich die Kluften zwischen den Generationen immer rasanter. Stellen Sie sich doch einmal vor, wie es wäre, wenn Ihr Großvater und Ihre Großmutter aus ihrer Zeit heraus in diese unsere Zeit katapultiert würden. In dem Film „Eve und der letzte Gentleman“ wird so eine ähnliche Geschichte erzählt. Ein Mann, der seit seiner Geburt die letzten 35 Jahre von der Außenwelt völlig isoliert in einem Atombunker nur mit seinen Eltern verbracht hatte, kommt erstmals mit anderen Menschen in Kontakt. Er wurde nach den Werten und im Lebensstil seiner Eltern und deren Generation erzogen und kam in eine völlig fremde Welt. Alles war so vollkommen anders. Die Musik, die Kleidung, die Sprache der jungen Leute, die Technik und ... die Werte. Dadurch, dass sich der von Brendan Fraser gespielte junge Mann völlig unbeeinflusst von der medialen Entwicklung der 70er-, 80er- und 90er-Jahre entwickelt hatte, kam es nun zu einigen sehr interessanten und amüsanten Begegnungen ...

Das Lebenskonzept entscheidet

Ich persönlich glaube, dass die Bibel der offenbarte Wille Gottes für jeden Menschen ist. Ich glaube, dass die Werte der Bibel der unveränderbare Maßstab für jedes Leben sein sollten. Ich glaube, dass es das Ziel der Bibel ist, jeden Menschen zu einem erfüllten, sinnvollen und erfolgreichen Leben zu verhelfen und ihn auf die Ewigkeit bei Gott vorzubereiten.

Vielleicht sehen Sie das ganz anders und das ist Ihr gutes Recht. Vielleicht zweifeln Sie an der Entstehung und der Inspiration durch Gott und halten die Bibel nur für ein interessantes Buch.

Ich habe mich in meinem Leben mit einigen Lebenskonzepten und Philosophien beschäftigt. Es gibt derer Hunderte, wenn nicht Tausende. Ich habe mich mit der Esoterik beschäftigt und auch im okkulten Bereich gesucht. Bis heute habe ich kein Lebenskonzept gefunden, das so ganzheitlich glücksversprechend ist wie das der Bibel.

Mit anderen Worten: Selbst wenn an der ganzen Sache mit Gott nichts dran wäre, würde ich alleine aus logischen Überlegungen heraus die Bibel zu meinem Lebensmaßstab machen. Warum? Ich habe nie einen besseren kennengelernt. Sie?

Bedenken Sie, dass jeder Mensch auf unserem Planeten einen Lebensmaßstab hat. Auch wenn die meisten hierüber nicht nachdenken, haben sie Werte und selbst gesetzte Grenzen, nach denen sie leben. Wenn die Lebenskrisen kommen – und sie kommen –, wissen sie, wie tragfähig Ihr Lebenskonzept wirklich ist. Die Anzahl an Depressionen und psychosomatischen Erkrankungen in Deutschland steigt Jahr für Jahr in erschreckender Geschwindigkeit. Mehr und mehr Menschen fallen durchs soziale Netz und verschwinden in selbstbestimmter Einsamkeit und Zurückgezogenheit. Immer mehr Menschen halten das Tempo der Herausforderungen in Beruf, Familie und Gesellschaft nicht mehr durch und steigen aus.

Ich spreche aus pastoraler Erfahrung, wenn ich sage:
Ein wesentlicher Grund für alle diese Entwicklungen ist, dass Menschen kein tragfähiges Lebenskonzept mehr haben.

Was, wenn sich die Christen irren?

Jetzt können Sie mir sagen: „Was aber, wenn auch Ihr Lebenskonzept nicht das Richtige ist? Was, wenn die Bibel eben doch nicht ‚Gottes Wort' ist? Was, wenn die ganze Sache mit Gott einfach nicht stimmt?"
Das ist eine gute und berechtigte Frage und ich habe sie schon das eine oder andere Mal vorher gehört und mir auch schon selbst gestellt. Meine Antwort wird Sie vielleicht überraschen:
Wenn ich und etwa zwei Milliarden weitere Menschen, die Christus nachfolgen, uns wirklich irren sollten; wenn Gott gar nicht existieren würde und die Bibel auch nicht mehr wäre als ein gutes Buch, dann würden wir durch unseren Irrtum folgenden Preis bezahlen:
Wir wären für unsere Ehrlichkeit und Integrität bekannt. Wir würden dementsprechend für unsere Überzeugungen einstehen und unsere Werte hochhalten. Werte wie Treue, Barmherzigkeit und Geduld würden dafür gesorgt haben, dass sich andere Menschen in unserer Gegenwart wohlgefühlt haben und sich angenommen wussten. Vergebungsbereitschaft würde dafür gesorgt haben, dass uns andere Menschen als großherzig, barmherzig und nicht nachtragend erlebt haben. Wir waren dafür bekannt, Menschen geachtet und verschiedene Meinungen respektiert zu haben, ohne dass wir von unserer Überzeugung abgewichen sind. Man erlebte uns als sehr vertrauenswürdig und wusste, dass Geheimnisse bei uns gut aufgehoben waren. Als Geschäftspartner waren wir hochgeschätzt, da wir stets zu unserem Wort standen, selbst wenn es

uns etwas kostete. In Berufen wie Berater, Mentor und Coach für verschiedene Lebensbereiche waren wir wegen unserer sozialen Kompetenz und unserer Integrität stets sehr gefragt. Für unsere innere Ausgeglichenheit und Hilfsbereitschaft waren wir ebenso bekannt wie für unsere Großzügigkeit. Unsere Ehe hielt ein Leben lang und schien oft als Licht der Hoffnung für Paare, die kurz vor dem Aufgeben standen. Als Folge all dieser Dinge gab es zum einen Neider und zum anderen eine große Zahl von Menschen, die gerne in unserer Umgebung waren und denen wir unsere Freundschaft schenkten. Ja, die kurzweiligen Freuden von wechselnden Partnerschaften, Drogen und Alkoholexzessen blieben uns verschlossen. Aber auch die viel länger andauernden Nachteile, wie der Verlust des Partners, der Familie, der Gesundheit und viele weitere Konsequenzen blieben uns erspart. So lebten wir einige Jahre länger als der Durchschnittsbürger und das auch noch erheblich gesünder und vitaler (tatsächlich erwiesen durch eine deutsche Untersuchung, an der mehr als 30.000 Menschen teilnahmen, siehe mein Buch „Brillant Leben")
Statt Angst vor dem Tod zu haben, genossen wir jeden Tag, den wir leben durften, und freuten uns auf den Tag, wenn wir den Tod mit ausgebreiteten Armen als einen Freund begrüßen durften, der uns in die Ewigkeit zu Gott führt.
Selbst wenn das nur eine Illusion wäre, würden wir ein Leben geführt haben, das diese Bezeichnung verdient: **Leben**

Wer hat mehr zu verlieren?

Was aber, wenn die Christen recht behielten und die Bibel tatsächlich Gottes Wort und Willen enthielte? Was, wenn Himmel und Hölle real wären? Was, wenn Menschen, die nie Gottes Vergebung bewusst in Anspruch genommen haben und Jesus Christus nachfolgen, tatsächlich eine Ewigkeit an einem Ort erwartet, der Hölle heißt? Was, wenn das Leben eben nicht, wie von Steve Jobs vor seinem Tod vermutet, nur ein Kippschalter ist, nach dessen Betätigung einfach alles zu Ende ist und wir im Nichts verschwinden?

Wer hat mehr zu verlieren, wenn er sich irrt?

Jeder Mensch auf diesem Planeten hat ein Lebenskonzept. Bewusst oder unbewusst. Erst in einer Lebenskrise finde ich heraus, wie stabil und kraftvoll es ist. Ich habe viele dieser Lebenskonzepte zerbrechen sehen.

Zurück blieben verzweifelte und hoffnungslose Menschen. Ich habe jedoch auch viele Menschen ihren Weg nach dem Lebenskonzept der Bibel zu Ende gehen sehen. Ich war dabei, wenn manche dieser gottesfürchtigen Persönlichkeiten ihren letzten Weg angetreten haben und ihren Lebenslauf vollendeten. Ich habe gesehen, wie sie aufrichtig und mit großer Freude in die Ewigkeit gegangen sind. Einige sahen ihren Erlöser unmittelbar zuvor, andere schliefen friedlich ein, um in dieser Welt nie mehr aufzuwachen.

Die Bibel sagt, wir sollen das Ende unserer Leiter anschauen und davon lernen. Das ist ein guter Rat. Wenn Sie die Gelegenheit haben, laufen Sie nicht – wie die meisten Menschen – vor solchen letzten Besuchen sterbender Bekannter oder Verwandter davon. Gehen Sie hin. Schauen Sie sich das genau an.

Dann fragen Sie sich, ob es das ist, was Sie wollen. Je mehr dieser letzten Schritte von Menschen ich beobachten darf, desto tiefer und größer wird meine Überzeugung, dass es keine – und ich meine wirklich überhaupt keine – Alternative zu dem christlichen Glauben gibt. Keine Religion, keine Philosophie oder sonstige Lehre kommt auch nur im Ansatz da heran. Doch prüfen Sie selbst ...

Hour of Power

Seit vielen Jahren verbringe ich die erste Stunde meines Tages mit Gott.
Somit nimmt die **QT** mit Gott vom Umfang her die mit Abstand oberste Priorität ein.
Vielleicht fragen Sie sich jetzt, wie um alles in der Welt man täglich eine ganze Stunde mit Gott verbringen soll? Eine wichtige Frage.
Es geht hierbei grundsätzlich um drei Bereiche:

1. Die Bibel
2. Das Gespräch mit Gott (Gebet)
3. Meditation über dem gelesenen Wort Gottes

1. Die Bibel

Wie schon angedeutet, versteht die Bibel sich selbst als von Gott inspirierter Brief an uns Menschen, dessen Aufgabe es ist, uns das göttliche Lebenskonzept zu vermitteln. Hierzu lehrt, ermutigt und korrigiert uns die Bibel. Dieses Buch ist auf einzigartige Weise dazu fähig, uns sehr persönlich durch einzelne Verse zu inspirieren und zu führen.
Es ist erstaunlich, wie mich immer wieder Bibelverse förmlich anspringen und in ihrer Bedeutung für meinen jeweiligen Tag regelrecht in meinem Herzen zu explodieren scheinen, obwohl ich sie schon ein paar Dutzend Mal vorher gelesen habe, ohne dass sie mir etwas Besonderes zu sagen hatten.
Jesus selbst bezeichnet sich im Johannes-Evangelium als „das Wort, das Mensch (oder ‚Fleisch‘) geworden ist“. Er sagt mit anderen Worten, dass der, der sich mit der Bibel (dem geschriebenen Wort Gottes) beschäftigt, sich gleichzeitig mit ihm, Jesus Christus selbst (dem lebendigen Wort Gottes), beschäftigt.

So wird verständlich, warum Christen schon in den ersten christlichen Gemeinden sehr dazu angeleitet wurden, die Bibel zu verstehen.
Dann kamen dunkle Jahre, in denen die Bibel nur dem Klerus zugänglich war und selbst hiervon nur einige in der Lage waren, den Text zu lesen, der leider nur in den Grundsprachen Griechisch und Hebräisch und eben übersetzt in Latein vorlag. Luther und anderen Bibelübersetzern sei Dank, dass wir alle heute in der Lage sind, die Bibel in unserer Muttersprache zu lesen.
Es ist übrigens völlig unerheblich, welcher christlichen Kirche oder Denomination Sie angehören, da alle sich auf die Bibel berufen. Auch gerade wenn Sie zu der immer größer werdenden Gruppe der kirchendistanzierten Menschen gehören, möchte ich Sie sehr ermutigen, damit zu beginnen, die Bibel zu lesen. Tun Sie das mit einer Haltung der Erwartung, dass Gott hierdurch zu Ihnen spricht, und wundern Sie sich dann nicht, wenn genau das geschieht.
Es gibt viele gute Bibellesepläne, zum Beispiel kostenfrei im Internet (unter anderem unter www.cclm.de). Beginnen Sie doch einfach damit, das Johannes-Evangelium zu lesen. Arbeiten Sie sich dann durch die anderen Bücher und Briefe im Neuen Testament. Danach könnten Sie parallel das Alte Testament (den ersten Teil der Bibel) mit dem 1. Mose beginnen und das Matthäus-Evangelium lesen. Für den Start wären zwei Kapitel täglich schon recht gut. Wollen Sie die Bibel dann einmal in einem Jahr komplett durchlesen, benötigen Sie dazu etwa fünf bis sechs Kapitel und rund 20 bis 30 Minuten Lesezeit täglich.

2. Das Gespräch mit Gott (Gebet)

Über das Thema „Gebet“ wurden unzählige Bücher geschrieben. Darum hier nur ein paar Grundsätze. Gebet meint von der Bibel her keine Wiederholung von Formeln. Es bedeutet „Zwiesprache

mit Gott“, also eine Unterhaltung, ein Gespräch mit Ihrem himmlischen Vater.
Stellen Sie sich hierzu vor, Gott sitzt Ihnen gegenüber und er ist sehr daran interessiert, was Sie ihm mitteilen wollen. Dann legen Sie los. Erzählen Sie ihm alles, was Ihnen auf dem Herzen liegt. Bitten Sie ihn um Hilfe, wo Sie nicht weiterkommen, und um Hilfe für Menschen, die Sie kennen. Bitten Sie in einer Haltung der Erwartung. Machen Sie sich bewusst, dass Gott willig ist, Sie zu segnen und in allem zu unterstützen, und dass er auch die Fähigkeit dazu besitzt.
Die Bibel lässt keinen Zweifel daran, dass es allein auf unseren Glauben ankommt. Das griechische Wort, das in deutschen Bibelübersetzungen meistens mit „Glauben“ übersetzt wird, ist das griechische „pistis“. Es bedeutet genau genommen auch: Vertrauen und Treue. Sie können jedes Mal, wenn Sie in der Bibel das Wort „Glauben“ lesen, dieses durch das Wort „Vertrauen“ ersetzen. Das kommt der Wurzel und der Bedeutung dieses Wortes viel näher als unser deutsches Wort „Glauben“. Denn wenn wir von „Glauben“ sprechen, meinen wir tatsächlich meistens „Hoffen“. Zwischen „Hoffen“ und „Vertrauen“ ist ein gewaltiger Unterschied. Hoffen bedeutet: nichts wissen. Wenn mir aber jemand etwas verspricht, dem ich vertraue, dann weiß ich, dass ich erhalten werde, was er mir zusagte. Hoffe ich nur darauf, dass jemand sein Versprechen mir gegenüber hält, dann besteht von meiner Seite aus kein echtes Vertrauen.

3. Meditation über dem gelesenen Wort Gottes

Meditation bedeutet hier einfach: Nachdenken über den gelesenen Text. Lehnen Sie sich zurück, nachdem Sie Ihre ein oder zwei Kapitel in der Bibel gelesen haben, und stellen Sie sich selbst Fragen zum Text:

- Was waren die wichtigsten Aussagen dieses Bibeltextes?
- Was hat mir diese Bibelstelle zu sagen?
- Was sollte ich aufgrund dieser Bibelstellen tun/ändern?

Hören Sie in sich hinein und erwarten Sie Antworten. Am besten notieren Sie sich das, was Sie in diesen Zeiten empfinden, in eine Art Gebetstagebuch. Halten Sie also ein kleines Notizbuch oder zumindest ein paar Zettel und etwas zum Schreiben griffbereit.

Ort und Länge für die QT mit Gott

Grundsätzlich empfehle ich, mit einer Viertelstunde täglich zu beginnen und die Zeit dann Stück für Stück auszubauen. Die Formel zu Anfang ist dann auch fünf plus fünf plus fünf:
Lesen Sie fünf Minuten die Bibel, denken Sie fünf Minuten über das Gelesene nach und sprechen Sie fünf Minuten mit Gott. Sie werden sich wundern, wie viel in so kurzer Zeit geschehen kann. Wenn Sie Ihre Tage so beginnen, wird das Auswirkungen auf alles andere haben, was an diesem Tag geschieht. Sie werden vorbereitet in Situationen gehen, von denen Sie zuvor gar nicht wussten, dass sie kommen würden. In andere Bereiche, für die Sie bewusst gebetet haben, werden Sie mit frischen Impulsen, Ideen, Konzepten und Einsichten hineingehen. Ihr Tag wird einfach anders verlaufen, als wenn Sie diese **QT** mit Gott nicht gehabt hätten.

Mit oder ohne Navi?

Diese täglichen **QT**s mit Gott sind für mich häufig der Unterschied zwischen einer Autofahrt mit oder ohne Navigationshilfe. Fahre ich – wie alle anderen – den Umleitungsschildern nach und lande im Stau, von dem ich nichts wusste? Oder habe ich einen Hubschrauber über mir, der mir Anweisungen gibt? Von seiner Sicht her erkennt er Gefahrenquellen lange vor mir und kann mich um solche Zonen weitläufig herumnavigieren. Genau das erlebe ich alltäglich, wenn ich mit meinem Navigator Zeit verbringe. Er lässt mich wissen, was er über bestimmte Fragen denkt, und er gibt mir Einsichten in Bereiche, in denen ich mich nicht sehr gut auskenne, wo ich aber Entscheidungen treffen muss. Er inspiriert mich und er fordert mich heraus. Ich genieße diese Zeiten mit Gott sehr, auch wenn der Preis hierfür manchmal ist, dass ich sehr früh aufstehen muss, um dieses wichtigste Date meines Tages wahrnehmen zu können. Denn wenn erst der Alltag einmal begonnen hat, finde ich hierfür weder die Zeit noch die Ruhe. Für mich, der ich eher ein Nacht- als ein Morgenmensch bin, bedeutet das darum immer mal wieder, meinen Wecker auf fünf Uhr zu stellen. Um welche Zeit müssten Sie aufstehen, um **QT** mit Gott zu haben?

Das Lob Gottes durch Lieder

Gott Lieder zu singen ist im Christentum und im Judentum eine Art der Anbetung, die schon in den Anfängen fester Bestandteil des Glaubenslebens der Menschen war. Ich weiß nicht, welche Art der Musik Sie bevorzugen. Vielleicht klassische Choräle, gregorianische Gesänge, jüngere Glaubenslieder oder moderne Lobpreis- und Anbetungsmusik. Wie auch beim Gebet entscheidet nicht die Art der Musik darüber, was richtig oder falsch ist. Es ist Ihr Herz, das sich durch die Musik ausdrückt, das bei Gott ankommt. Der Musikstil ist hier sekundär bis unbedeutend. Finden Sie Lieder, hinter deren Texten Sie stehen können, oder singen Sie einfach zu bekannten Melodien Ihre eigenen Worte. So entstanden zu Luthers Zeit einige der heute bedeutungsvollsten Kirchenlieder. Luther nahm Lieder aus den Kneipen seiner Zeit und gab ihnen neue Texte. Sie sehen, alles ist erlaubt, um Ihr Herz vor Gott auszudrücken. Seien Sie kreativ. Wenn also Musik ein Weg ist, sich Gott gegenüber auszudrücken, dann bauen Sie diese Art der Kommunikation doch hier und da in Ihre **QT** mit Gott ein.

Kaufen Sie Ihre Zeit aus

Vielleicht sagen Sie sich nun: „Das ist absolut unmöglich. Ich muss ohnehin schon sehr früh aufstehen, da ich einen langen Anfahrtsweg zu meiner Arbeitsstelle habe." Ich kenne das Problem sehr gut. Bevor ich vollzeitlicher Pastor wurde, habe ich einige Jahre in unserer Armee gedient und in mehreren Unternehmen gearbeitet. Hier hatte ich oft Anfahrtswege von einer Stunde und mehr. Die Zeit war für mich nicht verloren. Ich benutzte die Hinfahrt häufig als Gebetszeit und ließ mir mithilfe von Audiobibeln ganze Kapitel vorlesen. Auf der Rückfahrt hörte ich mir dann interessante Vorträge oder Predigten an. So hatte ich – dank meiner langen Fahrtzeiten – viel **QT** mit Gott und kam inspiriert und erfrischt sowohl an meinem Arbeitsplatz als auch abends zu Hause an.

Selbst wenn Sie mit dem Zug oder einer Fahrgemeinschaft reisen, hindert Sie nichts daran, „den Knopf ins Ohr zu drücken" (Ohrhörer Ihres MP3-Players) und sich eine Weile mit geistlichem Input zu beschäftigen. Obwohl ich persönlich davon überzeugt bin, dass das laut ausgesprochene Wort dem gedachten überlegen ist, so ist es dennoch möglich – und hin und wieder ratsam –, auch in Gedanken zu beten.

Mancher Vorgesetzte hat sogar die Möglichkeit, seinen Arbeitstag mit einer „stillen Stunde“ zu beginnen, in dem er so manches durchdenkt und den Tag für sich ordnet. Wer hindert Sie daran, Gott mit in diese Stunde einzubeziehen? Sie können dabei nur gewinnen.

Take a low break with Jesus

Das sagen manche Amerikaner. Gemeint ist damit, eine Art „Kaffeepause mit Jesus“ zu verbringen. Wie? Zum Beispiel mit einem kleinen Spaziergang, wo Sie mit Gott reden, ihn um Rat fragen, ihm Ihre Nöte, Ängste, Befürchtungen und Sorgen mitteilen ...
Oder indem Sie Ihre Bibel aus der Tasche nehmen und vielleicht bei einer Tasse Kaffee oder Tee ein Kapitel lesen und erwarten, dass Gott Sie hierdurch für den Rest des Tages inspiriert.
Solch eine „kleine Unterbrechung mit Jesus“ (low break with Jesus) kann selbst eine fünfminütige Zeit sein, wo Sie sich auf die Toilette zurückziehen, um Gott zum Beispiel vor einem wichtigen Gespräch, einer Besprechung oder einem neuen Projekt um seinen Rat oder seinen Segen zu bitten.
Sie sehen, **QT** mit Gott ist nicht sonderlich schwer. Ich kann sie auf verschiedene Weisen angehen. Haben Sie erst einmal Ihre Strategie hierfür gefunden, wird Sie so schnell nichts mehr davon abhalten können. Denn Sie werden den Unterschied schmecken. Einen Tag mit Gott zu beginnen ist jedes Mal aufs Neue ein Erlebnis. Eines, das Sie nicht mehr werden missen wollen.
Im Gegensatz zu religiösen Traditionen ist solch eine bewusste Beziehungspflege mit Gott etwas völlig anderes. Sie nehmen dort wirklich echten, realen Kontakt zu dem Gott auf, der Himmel und Erde geschaffen hat und der sich für Sie und mich so sehr

interessiert, als seien wir der einzige Mensch auf der Welt. Wenn Sie das Gebet am Anfang dieses Kapitels laut und mit Überzeugung und Vertrauen gebetet haben, dann sind Sie aus religiösen Formen in eine lebendige, persönliche Beziehung mit Gott dem Vater, dem Sohn und dem Heiligen Geist durchgebrochen. Genießen Sie die Gemeinschaft mit dieser dreifaltigen und doch dreieinigen Persönlichkeit, die Sie und mich erdacht und geschaffen hat und uns für eine Ewigkeit an seiner Seite bestimmt hat.

QT mit Gott:

Machen Sie den ersten Schritt:

1. Wonach sehnen Sie sich im Leben am meisten? Vertrauen Sie sich Gott als Ihrem Vater an. Was hindert Sie daran, ihn um Vergebung zu bitten und Christus nachzufolgen?

2. Begegnen Sie Gott persönlich. Sprechen Sie das Gebet aus diesem Kapitel. Was haben Sie zu verlieren?

3. Was ist Ihr Lebenskonzept? Was sind Ihre Werte und Grenzen? Was ist das Zentrum Ihrer Aufmerksamkeit? Woran glauben Sie?

4. Wann könnten Sie **QT** mit Gott haben? Wie lange? Wann müssten Sie Ihren Wecker stellen?

5. Welcher Bibelleseplan wäre für Ihren Start mit der Bibel geeignet?

6. Mit welchen Themen könnten Sie Ihre Gebetszeit beginnen? Folgende vier Fragestellungen können Ihnen helfen, eine kleine Liste aufzustellen:
   - Für welche Dinge wollen Sie Gott danken?
   - Um welche Dinge wollen Sie Gott bitten?
   - Für welche Menschen und deren Nöte wollen Sie Gott bitten?
   - Für welche Entscheidungen brauchen Sie Gottes Führung?

Epilog:

Vielleicht fragen Sie sich nun, am Ende dieses Buches, wo Sie denn all die Zeit hernehmen sollen: Zeit für **QT** mit Ihrem Partner, Ihren Kindern, Ihren Eltern, Ihrer Familie, Ihren Freunden, auf der Arbeit, mit sich selbst und mit Gott.
Sie erinnern sich sicher noch an den Anfang des Buches, wo ich Ihnen sagte, dass Sie jeden Tag aufs Neue 86.400 Sekunden zur Verfügung haben. Die Frage ist nun: Wofür geben Sie die aus?
Ist Ihnen bewusst, das Leute wie Spitzenpolitiker oder die Lenker von Weltkonzernen hier keine Sekunde mehr zur Verfügung haben als Sie? Offensichtlich machen einige Menschen mehr aus ihrer Zeit als andere. Den wenigsten ist das bewusst. Die meisten Personen, denen Sie begegnen, sind reaktive Persönlichkeiten. Sie reagieren also hauptsächlich in ihrem Leben. Das bedeutet, andere lenken ihre Wege. Mit „andere" meine ich nicht nur Menschen, die es auf direkte Weise tun. In aller Regel sind die „anderen" gar keine Persönlichkeiten. Es sind vielmehr Umstände, Erfahrungen, Ängste, alte Verletzungen und die eigenen Gefühle (die uns sehr oft betrügen).

Ziehen Sie Bilanz!

Wo fließt Ihre Zeit hin?

Bedenken Sie, dass die meisten Menschen mit Schlafen, Essen, Arbeiten und dem Weg zur Arbeit 19 Stunden oder weniger verbringen. Das bedeutet, fünf Stunden stehen an einem durchschnittlichen Werktag zur freien Verfügung. Dazu kommen in der Regel zwei arbeitsfreie Tage die Woche, die nach Abzug von Essen und richtigem Ausschlafen je satte elf Stunden Freizeit übrig lassen. Insgesamt kommen wir da auf 41 Stunden pro Woche, deren Verwendung Sie selbst bestimmen. Selbst wenn Sie zu den Leuten mit 50 Arbeitsstunden pro Woche gehören oder lange Anfahrtswege haben, bleiben Ihnen gute 30 Stunden übrig.

Was machen Sie mit der Zeit?

Wenn Sie zu den durchschnittlichen Menschen gehören, verbringen Sie über vier Stunden täglich vor dem Fernseher. Am Wochenende auch mehr.

Für die meisten Personen, die dieses Buch lesen, gibt es nur einen Weg, **QT** in ihr Leben zu integrieren und damit gesunde Beziehungen aufzubauen: die Reduktion des Fernsehkonsums und anderer Medien, wie des Internets, von Magazinen, Zeitschriften etc. Wenn Sie hier ansetzen, werden Sie in der realen Welt einen neuen Level des Erfolges und der Zufriedenheit erlangen.

Wenn der Durchschnittsdeutsche seine TV-Zeit auf die Nachrichten und eine Serie pro Tag reduziert und am Wochenende noch zwei Spielfilme anschaut, hat er schon mindestens 16 Stunden pro Woche Zeit gewonnen, um in gesunde Beziehungen zu investieren. Ich meine, den Preis ist es mehr als wert, und ich bin sicher, Sie werden mir zustimmen, wenn Sie es selbst ausprobiert haben.

Seien Sie ermutigt, irgendwo anzufangen. Vielleicht sogar bei der **QT** mit Gott. Der kann Ihnen nämlich helfen herauszufinden, womit Sie danach weitermachen sollten. Vielleicht mit der **QT** mit Ihrem Partner. Vielleicht ist es aber auch gerade jetzt besonders wichtig, an Ihrer Beziehung zu Ihren Kindern zu arbeiten oder die Zeit mit Ihren Eltern zu nutzen, die Ihnen noch bleibt. Fragen Sie den himmlischen Navigator. Er weiß Rat.

Ich möchte mich im Namen Ihres Lebens ganz herzlich dafür bedanken, dass Sie dieses Buch bis zum Ende gelesen haben. Schon durch das Lesen alleine wird sich viel verändern. Ihr Horizont hat sich erweitert und neue Gedanken haben Zugang zu Ihrem Denken erhalten. Jeder weitere Schritt, den Sie nun mit **QT** machen, wird Ihr Leben lebenswerter und schöner machen. Ich wünsche Ihnen viel Erfolg und Ausdauer bei der Einführung von **QT** in Ihrem Leben.

Gerne würde ich von Ihnen hören. Wenn Sie gute Erfahrungen mit den Inhalten dieses Buches gemacht oder wenn Sie eigene Ideen hierzu haben, schreiben Sie mir doch bitte eine Email an: **info@my-qt.de**.

Auf meiner Website **www.my-qt.de** und auf der Website meiner Gemeinde **www.cclm.de** finden Sie zahlreiche weitere Informationen und Tools, die Sie auf Ihrem Weg unterstützen können.